Paulo Madjarof Julio

O GPS DA VIDA

Vivendo com propósito e
construindo um legado
por meio da NUMEROLOGIA

1ª edição

Rio de Janeiro | 2022

DESIGN DE CAPA
Renata Vidal

REVISÃO
Guilherme Bernardo
Anna Beatriz Seilhe

COPIDESQUE
Lígia Alves

CIP-BRASIL. CATALOGAÇÃO NA PUBLICAÇÃO
SINDICATO NACIONAL DOS EDITORES DE LIVROS, RJ

J89g   Julio, Paulo Madjarof
       O GPS da vida : vivendo com propósito e construindo um legado por
       meio da numerologia / Paulo Madjarof Julio. – 1. ed. – Rio de Janeiro :
       BestSeller, 2022.

       ISBN 978-65-5712-136-8

       1. Ciências ocultas. 2. Numerologia. I. Título.

22-79227   CDD: 133.335
                           CDU: 133.5:2-135.3

Meri Gleice Rodrigues de Souza – Bibliotecária – CRB-7/6439

Texto revisado segundo o Novo Acordo Ortográfico da Língua Portuguesa

Copyright © 2022 by Paulo Madjarof Julio
Ilustrações da capa: pikisuperstar / Freepik

Copyright da edição © 2022 by Editora BestSeller Ltda.

Todos os direitos reservados. Proibida a reprodução,
no todo ou em parte, sem autorização prévia por escrito da editora,
sejam quais forem os meios empregados.

Direitos exclusivos de publicação em língua portuguesa para o mundo
adquiridos pela
Editora Best Seller Ltda.
Rua Argentina, 171, parte, São Cristóvão
Rio de Janeiro, RJ — 20921-380
que se reserva a propriedade literária desta obra.

Impresso no Brasil

ISBN 978-65-5712-136-8

Seja um leitor preferencial Record.
Cadastre-se e receba informações sobre nossos lançamentos e nossas promoções.

Atendimento e venda direta ao leitor:
sac@record.com.br

Dedico este livro à minha mãe, Ivete, meu lado emoção, que hoje me olha dos céus e me acompanha todos os dias de minha vida. Você é e foi a maior razão para que eu encontrasse meu propósito de vida.

E ao meu pai, Roniel, meu lado razão, que me ensinou as responsabilidades da vida e que muitas vezes é preciso ter garra e continuar em frente, independentemente dos percalços da vida. Você é meu herói. Obrigado por tudo que você me ensinou.

SUMÁRIO

Introdução — E se? 9

PARTE 1: ENCONTRANDO MEU GPS
Nossa vida funciona melhor quando usamos um GPS ... 13
Capítulo 1 – Meu primeiro GPS 15
Capítulo 2 – Do prazer à perda do controle: minha
experiência com as drogas 29
Capítulo 3 – Virada de chave 46

PARTE 2: PROPÓSITO DE VIDA
Afinal, o que é propósito de vida? 63
Capítulo 4 – O encontro com o destino 64
Capítulo 5 – Reflexões 67
Capítulo 6 – Pequenas atitudes, grandes transformações ... 90

PARTE 3: ESPIRITUALIDADE
Ela é tão simples, mas as pessoas complicam 101
Capítulo 7 – Como você vive a espiritualidade? 102
Capítulo 8 – Espiritualidade e religião são a mesma coisa? ... 106
Capítulo 9 – Meios de praticar a espiritualidade:
descubra os alimentos da sua alma 108

PARTE 4: A NUMEROLOGIA PITAGÓRICA
Introdução à numerologia pitagórica 117
Capítulo 10 – Comece a programar seu GPS 119

Capítulo 11 – Mapa numerológico natal	123
Capítulo 12 – A tabela pitagórica	127
Capítulo 13 – Aprendendo a calcular as cinco principais camadas	132
Retome o que aprendemos	147
Exemplo completo	149
Faça você mesmo	154
Capítulo 14 – O significado dos números: as peças que compõem o quebra-cabeça da sua vida	157

PARTE 5: O ANO PESSOAL

Recalculando a rota: definindo seu ponto de partida	209
Capítulo 15 – Ano pessoal: o guia da sua estrada	210
Ano 1: o início	215
Ano 2: a união	217
Ano 3: a expansão	219
Ano 4: a estabilidade	221
Ano 5: a mudança	223
Ano 6: o amor	225
Ano 7: a introspecção	227
Ano 8: a colheita e as conquistas	229
Ano 9: a finalização	231

Conclusão	234
Agradecimentos	236

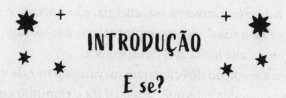

INTRODUÇÃO
E se?

E se você percebesse que possui um poder magnífico?

E se soubesse quão longe poderia chegar caso acreditasse mais em si mesmo?

E se buscasse e resgatasse em seu interior aquela fé inabalável em si mesmo?

E se descobrisse o caminho para o seu propósito de vida?

E se você se comprometesse a colocar em prática atitudes que o façam realizar seus maiores sonhos e desejos?

Seja muito bem-vindo ao *GPS da vida*, um livro baseado em autorreconhecimento, consciência, espiritualidade, direcionamento e prática. A partir de agora ele será um guia para auxiliá-lo na descoberta do seu verdadeiro propósito na vida.

Com a ajuda do autorreconhecimento, vamos aprender a parar de comparar nossa vida com a dos outros.

Com a ajuda da consciência, aprenderemos a trazer responsabilidade às nossas atitudes, nossos pensamentos e comportamentos, livres do sentimento de culpa e com a noção de que tudo que vivemos reflete nosso propósito, até mesmo os momentos mais difíceis.

Com a espiritualidade, entenderemos que existe uma força interna que nos mantém de pé e que, sem ela, nada somos. Deus, natureza, Universo, luz, energia, não importa o nome que você dê à sua dimensão espiritual, ela está aí, disponível como uma fonte inabalável de esperança.

Com a ajuda do direcionamento, vamos parar de viver à deriva e entenderemos que, seja qual for o caminho que nos aguarda, é preciso que nos aproximemos dele. Sem direcionamento, não chegaremos a lugar algum. Mas, com direção, nos tornamos mais conscientes de nosso destino.

Com a prática, sairemos da conhecida zona de conforto para definitivamente agirmos em prol dos nossos objetivos. A prática é o ponto principal para chegar aonde se deseja.

Uma dica: para obter um melhor resultado, sugiro dedicar cerca de trinta minutos do seu dia a este livro. Aqui você encontrará momentos para fechar os olhos e refletir sobre determinados assuntos e passagens da própria vida.

Esteja no momento presente, afinal ele será dedicado inteiramente ao seu encontro com o seu propósito de vida.

Que tal usarmos um GPS para nos guiar por esta jornada?

Você é o condutor desta viagem, por isso entre, fique à vontade e não se esqueça de colocar o cinto de segurança.

PARTE 1
ENCONTRANDO MEU GPS

PARTE I

ENCONTRANDO MEU GPS

Nossa vida funciona melhor quando usamos um GPS

Quando falamos sobre o sistema de posicionamento global (GPS), logo vem à mente aquilo que usamos no carro para nos instruir a chegar a algum lugar, não é mesmo?

Esse instrumento mostra o caminho exato para chegar ao seu destino, antecipa possíveis obstáculos, informa a velocidade permitida por lei em cada trecho, calcula o tempo de chegada, entre muitas outras coisas.

Talvez você não lembre, mas, desde a criação do GPS comercial (esse que nós utilizamos no celular e no carro), a forma como nos localizamos passou por uma revolução. Essa ferramenta otimizou nosso tempo e nossa produtividade, já que agora conseguimos chegar aos lugares com mais rapidez. Nós sabemos informar exatamente o horário em que chegaremos àquela reunião importante, àquele jantar romântico ou àquele encontro com os amigos. Sim, o GPS nos ajuda a usar nosso tempo com mais precisão.

Agora, imagine se tivéssemos um GPS individual, capaz de otimizar nossa vida... Um recurso que permitisse entender mais sobre nossa personalidade, nossos sonhos, desejos, desafios, momentos importantes, ciclos voltados ao aprendizado de lições específicas, presentes do Universo para nós. Além disso, ele também seria capaz de dar informações sobre nosso momento atual e tudo o que pode ser mais propício a realizar naquele momento.

E se eu dissesse a você que, sim, existe um GPS para guiar nossa vida e que, a propósito, é bem mais antigo que o GPS que conhecemos nos dias de hoje? Para ser mais específico, estou falando de um GPS milenar, desenvolvido aproximadamente no ano 600 a.C.!

Se você tivesse acesso a esse instrumento, o que faria? Erraria menos? Deixaria de perder tempo? Ganharia muito dinheiro? Seria uma pessoa bem-sucedida? É justamente isso que vou abordar neste livro.

Se hoje posso afirmar que consigo ajudá-lo, saiba que já estive totalmente perdido, tentando encontrar um sentido para tudo, assim como você também deve estar (junto com o restante da humanidade).

Vamos voltar para 1991...

CAPÍTULO 1

MEU PRIMEIRO GPS

Em São Bernardo do Campo, na Grande São Paulo, às 14h59 do dia 11 de julho de 1991, eu chegava ao planeta Terra.

Paulo Madjarof Julio, branquinho, de olhos verde-claros, bem cabeludo e sem chorar muito.

É interessante como o nascimento influencia toda a nossa vida, embora nem sempre tenhamos consciência disso. Imagine uma impressora. Agora imagine uma folha em branco. A partir do momento em que essa folha passar pela impressora, ela não será mais a mesma. Nela passarão a constar dados específicos registrados com tinta permanente. Será impossível apagá-los e escrever outra coisa. O momento do nosso nascimento é exatamente assim.

Mas não se assuste ao ler que a tinta é permanente, pois vou ensinar que esse "permanente" pode ser MUITO bom se soubermos lidar com ele da forma correta.

É no exato momento em que chegamos a este mundo que nosso acordo de vida é criado (ou melhor, *materializado*), uma vez que ele nos acompanha na alma durante muito tempo.

Muitos se perguntam: mas e os nossos pais, nós os escolhemos? A resposta é sim. Inconscientemente, cada linha da história da nossa vida já estava escrita. Vou explicar como sei disso contando um pouco da minha trajetória.

Cresci em uma família simples, humilde, mas rodeado de afeto. De um lado, minha mãe e toda a família materna me ensinaram o que é ser puramente coração, o que é o amor. Do outro, meu pai e os familiares paternos me transmitiram o que é realidade e comprometimento.

Morávamos meu pai, minha mãe, eu e minha irmã Mariana, em um sobrado em que até hoje me lembro de cada cômodo, o cheiro, sons. Somos irmãos apenas por parte de mãe, mas sempre tivemos uma ligação muito forte, tão forte que isso nunca foi questão em nossa relação. Meu pai sempre foi seu pai de coração. Por volta de meus 6 anos, ela com 12, minha irmã foi morar com minha avó materna, para lhe fazer companhia, mas nosso contato continuava sempre próximo e presente.

Minha mãe trabalhava em uma cantina de escola fazendo lanches. Uma mulher guerreira, brincalhona, ao mesmo tempo intensa, vivida e até um tanto explosiva. Ela não teve uma vida fácil e, em função de muitos problemas pessoais, começou a se envolver com álcool, cigarro e drogas desde muito nova, aos 18 anos, alternando entre a sobriedade e recaídas.

Para fugir dos problemas, ela sempre recorria a algum desses vícios. Durante a euforia, um lado agressivo e irreconhecível tomava conta dela, mas essa condição passava e em seguida vinham os sentimentos de culpa e remorso. Nos momentos de sobriedade, ela era a mãe mais doce do mundo. Ensinou-me tudo sobre carinho, amor, afeto, beijo e abraço.

Meu pai era (ainda é) funcionário público. Um homem extremamente trabalhador, que não media esforços para colocar comida na mesa. Para complementar a renda, sempre arranjava alguns bicos. Com ele aprendi o que é ter responsabilidade, a ser uma pessoa correta, idônea, estável e determinada. Como ele tinha muita dificuldade para demonstrar afeto, representava para mim o lado "razão".

A relação entre ele e a minha mãe era conturbada. Eles se amavam, mas suas respectivas personalidades viviam em permanente estado de disputa, por absolutamente tudo. No que dizia respeito a mim, os dois, cada um com seu limite, tentavam me dar o melhor.

Lembro que aos 8 anos eu já presenciava brigas entre os dois, tanto físicas quanto verbais. Quem partia para as agressões físicas não era meu pai, mas minha mãe, nos seus momentos de embriaguez. Às vezes eu corria até a cozinha para esconder todas as facas, por medo de acontecer algo mais grave. Graças a Deus nunca chegou a esse ponto, mas minha mãe até recorreu a um garfo de churrasco para furar os quatro pneus do carro do meu pai, enquanto ele tentava me tirar de casa. Lembro como se fosse hoje, pneu por pneu sendo esvaziado.

No dia seguinte a esse acontecimento, eles se separaram. No portão de casa, meu pai me perguntou:

— Você quer ficar com a sua mãe ou comigo?

Nenhuma outra cena me marcou tanto — uma criança de 8 anos obrigada a tomar uma decisão que acarretaria grandes mudanças em sua vida. Escolheria eu o amor, o afeto, o carinho, mas com uma vida desregrada? Ou a razão, a responsabilidade, os deveres de casa, embora envolto em uma forma de amor menos emocional?

— Pai, eu vou com você.

Essa decisão poderia ter me levado ao rompimento afetivo com minha mãe, mas não. Pelo contrário: nosso laço se tornou mais forte, e muito! Mais adiante neste livro você vai entender o QUANTO, até hoje, ela é presente na minha vida e no meu propósito.

Meu pai sempre foi muito rígido comigo em relação aos estudos, desde que eu era pequeno. Ele trabalhava o dia todo e, quando chegava em casa, conferia cada tarefa escolar, cada prova e cada trabalho. Lembro que cheguei a ter cem por cento de presença em um ano, sem faltar um único dia. Mesmo doente eu ia para a escola, pois ele me falava da importância de aprender de tudo.

Em meio à luta, o amor

Quando eu fui morar com meu pai, a vida da minha mãe começou a desandar. Ela deixou de trabalhar na cantina da escola e ficou desempregada. Um pouco antes da separação, ela havia conhecido aquele que seria seu terceiro e último marido. Ele tinha os mesmos vícios e a mesma agressividade dela. Então, minha mãe começou a ser agredida física e verbalmente, mas o amor tóxico falava mais alto. Eu gostaria de dizer que esse foi um caso *raro* de alguém que ama tanto o agressor ou abusador que não consegue se desvencilhar dele, mas infelizmente sabemos que isso é mais comum do que imaginamos.

Costelas quebradas, olho roxo, tristeza profunda: essa se tornou a vida da minha mãe.

É isso o que a vida tem a oferecer? Será que as pessoas não podem ter outro destino, algo melhor, mais feliz e próspero?, eu pensava.

Agora talvez você se pergunte: essa história é a tinta permanente da sua mãe? Ela veio ao mundo predestinada a sofrer? E a resposta é não, absolutamente! Nós contamos com uma das maiores leis do Universo: a lei do livre-arbítrio. Não importa o que viemos fazer aqui, somos adultos e tomamos as próprias decisões. Regidos por essa máxima, podemos escolher todo e qualquer caminho, mas devemos ficar atentos às consequências.

Chegou 2004, e esse foi o ano da cobrança. Minha mãe recebeu a notícia de que tinha um câncer no colo do útero, em estágio avançado. Por vergonha, ela não ia ao ginecologista com frequência, e só foi descobrir a doença depois que alguns sintomas já haviam se manifestado.

Ali começou uma jornada de luta, mas não vou me estender muito no assunto, mesmo porque durou apenas um ano. Entre idas e vindas ao hospital e depois de se submeter a cirurgias, quimioterapia e radioterapia, o que nos restava era esperar. Já não havia muito a fazer.

Eu estava com 13 anos e resolvi encarar isso de perto. Mesmo com pouca idade, um pensamento não me saía da cabeça: *Se não resta muito tempo juntos, que eu faça tudo por e para ela.*

No dia 1º de junho de 2005, um dia como qualquer outro de luta contra a doença, acordei pensando: *Quero ter alguma lembrança com ela em vídeo. Quero lembrar o quanto ela é engraçada, amável e carinhosa!* E fiquei imaginando como fazer isso sem que parecesse uma despedida.

— Mãe, vamos gravar um vídeo dançando, engraçado?

Na mesma hora ela topou.

Ajustei a filmadora e começamos o vídeo. Ela se levantou e disse:

— Não tô podendo falar muito direito. Eu tô cuspindo, mas tudo bem, eu vou tentar. Olha, as coisas não estão nada fáceis, viu?! Pra falar a verdade, tá tudo meio difícil, tô com a barriga inchada, umas dorezinhas, falando meio torto, riscada, igual a uma palhaça, mas vou dançar...

E nesse momento, com sua bengala, ela se levantou e começou a dançar. Até então, tudo como eu imaginava.

Porém, no decorrer do vídeo, ela passou a falar sobre a vida, sobre as maiores lições que aprendeu durante a batalha contra o câncer, e hoje posso dizer que, anos atrás, sem nos darmos conta, ela fez a introdução do meu maior legado de vida: ajudar as pessoas a ter uma existência mais plena e realizada. Transcrevo essa lição a seguir, palavra por palavra, e a carrego comigo até hoje.

A lição de vida da minha mãe

— Tô feia pra caramba, né? Eu era tão bonitinha, eu tinha uma voz que falava, eu tinha uma boca que comia muito, agora tô só o pó. Mas não tem problema.

"Ah, mas eu quero que todo mundo saiba que a vida é bela. Não se prendam a coisas pequenas, não vivam de picuinhas. Mas eu aprendi muita coisa, sabe? Com essa doença, eu aprendi muita coisa. Tem coisa que a gente acha tão importante e não tem valor nenhum.

"O que tem valor mesmo é a vida da gente e o bem que a gente faz, é a alegria que a gente causa pras pessoas. É se dar bem com todo mundo. Às vezes a gente tem que levar um tombo muito grande pra aprender, pra dar valor.

"Ah, meu Deus, se eu pudesse voltar a minha vida, se eu pudesse recomeçar. Teria sido tudo tão diferente... Mas não adianta chorar o leite derramado.

"Veja bem, a gente fica preocupado com coisas tão pequeninas, né? E olha eu agora, feia, falando torto, com a boca torta e falando, sem ter vergonha, porque isso não é o mais importante.

"O importante pra mim agora é sarar e ver o que as pessoas têm por dentro, não por fora, inclusive eu. Não vamos nos importar com aparência, não. Claro que a gente tem que se arrumar, ficar bonita, mas esquentar a cabeça com essas coisas? Não, não.

"Ah, mais uma coisa! Antes eu tinha vergonha de me filmar, mesmo quando eu me arrumava eu fugia das câmeras, e agora? Tô falando assim à vontade, toda feia, toda torta, mas pelo menos aqui dentro tá mais bonito."

Em determinado momento, eu me sentei ao lado dela e a abracei. Ela continuou:

— Cansei, ai, senhor, cansei muito. Tô só o pó da bagaça. Deus, olha pra mim, me cura! Me cura, Nossa Senhora de Aparecida. Eu quero mais uma oportunidade. Eu quero ser feliz.

Ela, que por conta do estágio avançado da doença tinha perdido o movimento da língua e um pouco da boca, tentou me beijar e disse:

— Não dá nem pra beijar meu filho. Os irmãos da igreja vieram orar hoje, 1º de junho de 2005. E eu pedi pra Deus curar a minha língua. Quem sabe Deus ouve.

"Quem sabe Deus ouve." Eu me pergunto sobre essa frase até hoje.

No dia 22 de junho de 2005, exatos 21 dias após fazermos o vídeo, minha mãe veio a desencarnar. Era uma despedida e eu não sabia, ou talvez não quisesse acreditar.

Tudo é aprendizado

Sou uma pessoa muito espiritualizada e acredito muito em Deus. Acredito no Universo, nas energias, na natureza, tudo.

Hoje agradeço muito pela vida, mas também aprendi mais do que isso: aprendi a fazer minha parte.

Nosso grande erro está em colocar toda a responsabilidade em Deus e nas energias, ignorando qualquer responsabilidade pela mudança da nossa vida.

Não espere uma grande oportunidade para mudar. Mude e a grande oportunidade virá.

Neste momento eu poderia dizer: tenho uma história sofrida, muitos traumas e dores do passado. Mas não. Em primeiro lugar, porque infelizmente isso é muito mais comum do que imaginamos. Em segundo, hoje eu entendo exatamente por que vivenciei CADA acontecimento, dor, tristeza e luta até aqui.

Minha mãe segue presente na minha vida até hoje.

Talvez você esteja se perguntando: mas o que essa sua história pessoal tem a ver com o GPS citado lá no início? Pois acontece que esse é o meu GPS, e ele não estaria tão conectado se eu não tivesse passado por tudo o que passei, e é isso o que vou ensinar neste livro. Sua história de vida é única, seus caminhos são únicos. Você não seria tão você se não tivesse passado por todos os trechinhos da sua jornada.

Conforme crescia, comecei a olhar para o mundo de um jeito diferente, tentando encontrar meu lugar. Quando eu crescer, quero ser o quê? Como faço para ser bem-sucedido? O que gosto de fazer?

Perguntas e mais perguntas, e nenhuma resposta.

Aos 16 anos, fui morar com a minha avó materna enquanto cursava o ensino médio. Ainda sem um emprego, eu queria ter alguma fonte de renda. Nossa vizinha de porta havia perdido o marido recentemente e, para se sustentar, começou a fazer doces caseiros para vender. Bolos, tortinhas, musses... Um mais gostoso que o outro. Ela começou a vender nas lojas da rua Marechal Deodoro, em São Bernardo do Campo. Eu me ofereci para ajudar no negócio, ganhando uma comissão em cada venda. Ela percorria um lado da avenida, eu percorria o outro.

Os doces custavam 2,50 reais, e minha comissão era de cinquenta centavos. Eu pensava: se vender vinte doces por dia, são dez reais. Vou ganhar cinquenta reais por semana, totalizando duzentos reais por mês. Eu me animei e arregacei as mangas! Entrava em cada lojinha, próximo ao horário do almoço, e oferecia! Era quase impossível resistir.

Em pouco tempo, tive uma ideia: vender no colégio! Diante da demanda de vendas, minha vizinha disse que não daria conta de fazer mais doces, mas que eu poderia fazer e vender de forma independente, na minha escola, ficando com o valor todo para mim. Eu me animei e então aprendi a fazer doces incríveis. Uma musse de morango com ganache de chocolate espetacular e um brigadeiro de colher de dar água na boca! Na época, o valor de custo para produzir os doces era de apenas cinquenta centavos.

Continuei vendendo por aquele mesmo preço, só que o lucro passou a ser todo meu! Eu vendia em média vinte doces por dia, totalizando quarenta reais por dia, duzentos reais por semana e oitocentos reais no fim do mês! BINGO! Eu estava empreendendo em algo cujo preparo me trazia alegria! Que incrível! Juntei meu primeiro dinheirinho e fiz uma viagem de avião para o Rio Grande do Sul, para visitar uma amiga. Andar de avião era um sonho para mim, já que meus pais nunca tiveram condições.

Mesmo sendo uma rotina gostosa, comecei a buscar estabilidade, a que todos tanto desejam. Consegui empregos fixos, CLT, com benefícios e tudo o mais, mas quero ressaltar um em específico, numa empresa de assistência a seguradoras automotivas. O meu trabalho era de teleatendimento. Se um carro tivesse algum problema mecânico ou algum sinistro, o dono ligava para o meu setor. Resumindo, meu trabalho era ajudar pessoas com problemas com o carro.

O mais interessante é que aquilo realmente me fazia feliz — dar apoio a quem estivesse com problemas. Quem telefonava não me conhecia, mas precisava de ajuda. E eu ajudava com toda a felicidade.

Apesar do salário modesto, eu ia trabalhar sempre motivado, imaginando quantas pessoas eu atenderia naquele dia. Até mesmo nos casos em que o cliente entrava em contato irritado, eu conseguia contornar e, no fim, a pessoa me agradecia, aliviada e feliz.

Eu me lembro de um caso em especial que me fez entender mais sobre o que é estar conectado com o seu propósito de vida.

Em 2011, nós passamos por um dos maiores desastres já vistos no Brasil: os deslizamentos de terra da Região Serrana do Rio de Janeiro. Lembro como se fosse hoje — eram notícias tristes chegando o tempo todo.

Indiretamente, essa catástrofe chegou até as seguradoras automotivas, pois diversos carros estavam soterrados.

Então, um dia atendi a ligação de um senhor com a voz parecendo um tanto apática, sem vida, cansada.

— Gostaria de solicitar o seguro. Meu carro foi soterrado.

O homem desejava iniciar o procedimento necessário para cobrir seu prejuízo.

Ele não morava no Rio de Janeiro; estava naquela região a passeio. Não me recordo ao certo do seu estado de origem, mas precisei me esforçar bastante para agilizar o processo e diminuir a burocracia para que aquele senhor pudesse voltar para casa.

A seguradora estava um tanto irredutível, recusando-se a liberar o transporte necessário. Mas aquele atendimento me tocou muito, e eu estava determinado a ajudá-lo.

Achei estranho que, apesar do estresse da situação, o homem parecia estar calmo, ou, como mencionei há pouco, parecia apático. Em determinado momento, ouvi dele a seguinte informação:

— Olha, meu filho morreu no deslizamento e eu só quero voltar pra casa.

Isso me deixou sem palavras. Eu queria ter um teletransporte que me levasse até ele para abraçá-lo. Que pena que não existia essa possibilidade.

Eu sabia que, se falasse ao telefone que a seguradora providenciaria um avião para ele, a empresa seria obrigada a cumprir esse acordo. Não pensei duas vezes; meu lado humano falou mais alto, mesmo que isso custasse meu emprego:

— Disponibilizaremos táxi e avião para o senhor. Pode ficar tranquilo.

E assim foi feito.

Não tive meu emprego comprometido; acredito muito na boa intenção e na força do pensamento que me moviam naquele momento.

Estar conectado ao seu propósito de vida vai muito além de trabalhar com algo que lhe dê dinheiro. Significa saber que marca você vai deixar nesta jornada; é acordar motivado a fazer a diferença; é ir além do que é imposto, alinhando o trabalho com seus valores pessoais.

Emprego dos sonhos?

Eu seguia feliz naquele emprego, mas algo dizia que minha missão cresceria, apesar de eu não saber como. Sempre tive uma mente visionária, graças à minha irmã, Mariana.

Seis anos mais velha, ela sempre foi uma mulher guerreira, trabalhadora, persistente em tudo que almejava atingir. Não me lembro de ter convivido com alguém mais sonhador do que ela.

O mais incrível é que todos os seus sonhos de adolescente se tornaram realidade, até mesmo aqueles que todos deduziam serem impossíveis.

Ao mesmo tempo em que acreditava nos próprios sonhos, ela também acreditava nos meus.

Sempre achei incrível o universo da fotografia, e aos 19 anos resolvi me matricular em uma escola técnica. Até aí tudo bem, mas e os equipamentos? Meu salário mal dava para pagar o curso.

Não pensei duas vezes. Criei o "Planejamento: Paulo Fotógrafo".

Em um documento no computador, reuni o custo total de cada equipamento, fiz uma "previsão" do retorno desse dinheiro e estimei em quanto tempo conseguiria recuperar todo o investimento. Lembro-me de ter preenchido esse documento de forma bem completa e objetiva. Depois o entreguei à minha irmã, para ver se ela me ajudaria. Eu sabia que ela tinha um dinheiro guardado — pouco, mas tinha: quase 4 mil reais.

Ela resolveu acreditar nos meus sonhos e me emprestou a quantia necessária. A felicidade tomou conta de mim. Comecei a pensar: agora sim vou trabalhar com algo que eu AMO!

E comecei nessa carreira de fotógrafo. Trabalhei por uns quatro anos com isso, consegui alguns trabalhos, ganhando algum dinheiro e gostando do que fazia. Mas, ainda assim, sentia lá no fundo que ainda não era o que eu buscava.

Nesse meio-tempo, minha irmã me chamou para trabalhar com ela no seu escritório de assessoria de imprensa artística. Basicamente minha função era vender pautas de nossos artistas para os veículos de comunicação, impressos, digitais e de televisão. Além disso, eu fazia alguns trabalhos para ela como fotógrafo, para tentar pagar uma parte do empréstimo.

Foi ali que se iniciaram todos os questionamentos e desconfortos que me fizeram chegar onde estou hoje: *Não estou feliz com meu trabalho. Até que gosto, mas não amo. Amor... Preciso sentir amor pelo meu trabalho? Será que isso é normal? Essa é a minha vida? Tenho que me conformar? Estou sendo ingrato, desprezando uma chance que recebi?*

Como uma saída para tentar mudar de ares, surgiu a oportunidade de ser fotógrafo de uma balada que eu adorava frequentar. Pensei: *Que incrível!!! Agora me encontrei!* Durante a semana eu trabalharia com minha irmã, e aos sábados nessa balada.

Antes de contar essa minha experiência, vale dizer que durante um tempo frequentei esse lugar, mas era uma pessoa tranquila, sem exageros ou vícios. Tomava um drinque e ficava na minha.

Meu primeiro dia de trabalho na balada se iniciou. À meia-noite eu estava a postos, com minha máquina na mão! Que incrível era estar no meio de um monte de gente animada! Eu adorava aquilo! Às seis da manhã eu estava exausto, mas ainda motivado. A música alta me mantinha acordado.

Às oito da manhã, o som foi desligado e as pessoas começaram a ir embora. Eu também segui para casa, a duas horas de distância. Sentado no ônibus, cansado mas feliz, comecei a refletir sobre como é bom trabalhar com o que se gosta.

Seis ou sete meses se passaram, e esta era minha rotina: nos dias de semana, trabalhava com assessoria de imprensa; aos sábados, fotografava pessoas felizes se divertindo na madrugada. Aquilo ainda parecia incrível para mim, mas se tornou um tanto desgastante. Meus questionamentos começaram de novo: *Será que eu amo esse trabalho ou ele tem sido apenas uma válvula de escape?*

CAPÍTULO 2

DO PRAZER À PERDA DO CONTROLE: MINHA EXPERIÊNCIA COM AS DROGAS

Com a liberdade e a confiança que fui conquistando com os donos do lugar, aos poucos comecei a ter a liberdade de beber entre uma foto e outra. No meu pensamento, iria ficar "mais criativo". De fato ficava, mas será que realmente precisava? Enfim, eu achava que sim.

— Uma dose de tequila, por favor.

E aquilo era o suficiente para eu ficar em êxtase. A simpatia tomava conta de mim, e assim eu conversava com mais e mais pessoas, perdia a vergonha, ficava feliz, animado, dançava com os clientes, com o equipamento fotográfico na mão. E o tempo foi passando.

Duas tequilas, três tequilas, quatro tequilas...

A dose foi aumentando, e com ela a certeza de que eu amava aquele trabalho, aquela vida. Imagina que incrível, ganhar 150 reais por noite e ainda poder beber de graça?! Um sonho... Só que não.

Onze meses de trabalho entre escritório e balada aos fins de semana e o descontentamento veio: *Estou cansado! Preciso descansar, não está mais valendo a pena.*

Com dor no coração por perder as "regalias" da balada, avisei que o fim de semana seguinte seria o último trabalhando, mas que eu amava aquela casa e continuaria a frequentá-la, voltando como cliente.

Chegou a noite de sábado, coloquei minha melhor roupa, me arrumei com capricho e segui rumo ao meu último dia como fotógrafo. A música alta, a energia intensa, a casa lotada. Comecei meu trabalho. Geralmente, quando eu percebia que já havia fotografado um número considerável de pessoas, eu parava para descansar um pouco, tomar algumas tequilas e ficar tranquilo.

Por volta das quatro da manhã, encontrei um colega, dançando intensamente e parecendo bem alterado. E ele não fez segredo:

— Tomei um ecstasy e estou me sentindo incrível! — contou, com um enorme sorriso no rosto. — Quer que arranje pra você?

Naquele momento, eu, que nunca havia usado nenhum tipo de droga, pensei: *Ah, ele está tão feliz. Mal não vai fazer.*

— Sim, quero! — afirmei.

E ouvi:

— Vou buscar pra você.

"Charada" era o tipo da droga, mais comumente chamada de "bala".

— Como é sua primeira vez, vou te dar só metade, ok? Daqui a uns 15 minutos você vai começar a sentir os efeitos e vai ser incrível.

— Ok — respondi.

Peguei uma garrafa com água e, numa mistura de ansiedade e agitação, tomei.

Quinze minutos se passaram e comecei a sentir tudo mais vivo, mais cheio de energia, como se eu apenas pudesse enxergar alegria, energia positiva, pessoas felizes, um tesão enorme, o batimento do meu coração acelerado, em sintonia com a música.

— Meu Deus, eu tô incrível! Que sensação é essa? — perguntei a ele.

— Que delícia te ver assim! Vem, vamos dançar! — chamou meu colega.

Fomos para a pista de dança, ele e eu, com a máquina na mão. Eu não tinha inibição alguma. Oferecia foto para todo mundo, elogiava qualquer pessoa que eu achava bonita, sem medo, sem qualquer tipo de freio.

Às oito da manhã, a balada acabou.

Ainda transbordando energia, coloquei meus fones para ouvir música eletrônica bem alto e fui para casa.

No ônibus, no meio do caminho, comecei a sentir uma queda na animação, misturada com um cansaço fora do normal. Cheguei em casa, tomei um banho e me joguei na cama... Mas quem disse que eu conseguia dormir?

Durante umas duas horas fiquei literalmente com o olho aberto, sem sono algum, apesar de o meu corpo estar exausto. Passado esse tempo, dormi.

Um parêntese: irônica essa falsa ilusão (embora até o momento eu não tivesse consciência) de que vive loucamente quem está feliz com a vida!

Quando olhei o relógio, eram quatro da tarde de um domingo cinza. Acordei um tanto desnorteado e assustado com o horário. Estava me sentindo desanimado, meio triste, imaginando que deveria ser pela noite "incrível e insana" que tive. Passei aquele fim de tarde comendo besteiras e assistindo a filmes; queria descansar e me poupar para o início da semana.

Anoiteceu e aquela sensação ruim de domingo me pegou. *Mais uma semana, que preguiça!* E fui dormir.

Segunda-feira de preguiça, mas com muitos compromissos. Acordei e fui trabalhar, já pensando no fim de semana seguinte. Eu dava conta das minhas obrigações, mas não era como antes; eu procrastinava bastante.

Acabei passando alguns meses nessa rotina: trabalho de segunda a sexta; balada e ecstasy nos fins de semana.

A mistura de álcool e ecstasy é totalmente desaconselhável, pois o álcool potencializa os efeitos dessa droga!

Hum, potencializa? Interessante!, pensei, em uma postura totalmente irresponsável. *Ah, é só uma dose de tequila. Não vai fazer mal.*

Fui e fiz! Tomei um ecstasy e curti. Depois de algumas horas, quando percebi o efeito passando, tomei uma dose de tequila e ele pareceu voltar imediatamente.

— Uau, isso é demais. Estou me sentindo incrível de novo.

A duração dos efeitos do ecstasy diminui depois de um tempo de uso, e a sensação que vem junto é bem assim: *Tô ficando mal, tá me batendo um sentimento ruim! Preciso tomar alguma coisa pra ficar bem.*

Era nesses momentos que eu virava mais uma dose de tequila, só que uma já não era suficiente... Duas, três, quatro... DEZ doses de tequila! Uma bebida com quarenta por cento de teor alcoólico, misturada com uma droga sintética à base de anfetamina!

Eu estava tentando me matar? Na minha cabeça não! Só estava querendo curtir a vida, desfrutar os "melhores momentos"!

Um único comprimido de ecstasy é suficiente para deixar uma pessoa elétrica, animada e agitada por um intervalo de tempo. Essa droga é muito utilizada em festas, justamente pelo seu efeito de "agito". Ela não causa alucinações — sob efeito do ecstasy, você parece ter "controle de tudo". Tudo pura ilusão.

Estou viciado?

Eu sempre refletia sobre a possibilidade de ter me viciado. Mas achava que não, porque não usava a droga durante a semana.

E aqui começa a pior, apesar de breve, fase da minha vida: a falta de limite.

Dois comprimidos de ecstasy, várias doses de tequila, a libido e o tesão altíssimos, tendo relações sexuais com diversas pessoas, às vezes sem nem saber o nome, devido ao meu estado completamente vulnerável de consciência.

Meu rendimento no trabalho caiu totalmente, porque eu já não conseguia focar em coisa alguma. Eu ficava impaciente por passar tanto tempo sentado naquela cadeira. Não sentia mais prazer em nada, estava apático.

Num determinado sábado, em mais uma daquelas noites "comuns" de balada, cheguei um pouco desanimado, querendo ficar "louco e feliz".

Já meio ansioso, tomei um ecstasy. Mal esperei os 15 minutos e pensei: *Não está fazendo efeito, vou tomar outro.*

Tomei o segundo. Mal esperei mais 15 minutos, depois veio o terceiro... o quarto... e o quinto comprimidos!

Nem mesmo quem faz isso há anos tem coragem de tomar tantos comprimidos num período tão curto. Ainda que de forma inconsciente, eu estava definitivamente tentando tirar a própria vida.

A dosagem foi tão alta que, quando todos os comprimidos fizeram efeito juntos, comecei a me sentir eufórico de uma forma que nunca me sentira. Lembro-me de começar a ver tudo estranho, a ter algumas alucinações, mas sem sentir qualquer "mal-estar".

Como eu estava muito "louco", dois amigos me levaram para casa de carro. Nessa época eu estava namorando, e meu namorado (que também se encontrava num estado alterado de consciência) estava comigo. Lembro esse dia como se fosse hoje. No carro, meus amigos estavam muito preocupados e não paravam de me perguntar se estava tudo bem. Eu respondia, meio preocupado:

— Não sei. Tô me sentindo estranho.

— Vamos chegar em casa e tomar um banho. Vai ficar tudo bem — dizia meu namorado.

Quando chegamos em casa, abri a porta da sala e vi meus gatos em "tamanho gigante e com ossos saltados", andando pela sala. Claramente aquilo era uma alucinação. Com medo e ainda muito preocupado, fui ao banheiro. Olhei para o meu reflexo no espelho, com a pupila totalmente dilatada, e vi meu rosto como se eu pudesse enxergar todas as veias dele, inclusive o sangue que corria dentro delas.

Voltei para a sala.

— Preciso ir para o pronto-socorro, não estou bem — falei para meu namorado.

— Não, nós só estamos loucos. Vamos dormir e ficar bem!

Então, tomando uma decisão bem irresponsável, fomos dormir. Demorei umas duas horas para pegar no sono.

Por volta das cinco da tarde de domingo, acordamos. E eu pensei: *Estou vivo? Estou bem?*

Corri para a frente do espelho. Estava sem energia, mas "bem".

— Nunca mais, acabou! — falei para meu namorado. Nós dois já estávamos sãos e fizemos essa promessa.

Obviamente ela não foi cumprida, mas depois desse susto passamos a nos impor mais "limites".

Mais uns dois meses se passaram e chegamos ao capítulo final dessa terrível fase.

Até esse momento eu nunca tivera coragem nem vontade de experimentar qualquer outro tipo de droga além do ecstasy, e percebi que não era bom com limites.

Compareci a um rodeio, como assessor de imprensa. Já havia feito a parte principal do meu trabalho, então resolvi curtir um pouco. Minha irmã, meu namorado na época e alguns amigos estavam comigo, todos bem tranquilos, conversando, comendo.

Em rodeios geralmente só há banheiros químicos, e na fila de um deles encontrei por acaso um colega meu. Percebi que ele estava seguro de si, bem feliz e "levemente" alterado.

— Vou usar um pouco de cocaína, quer? — perguntou ele.

— Não sei. Isso não vai me deixar louco?

— Imagina, um pouquinho só não vai te fazer mal. Vou entrar, usar e deixar uma fileirinha preparada pra você. Entra depois que eu sair e usa também.

— Tudo bem.

Com uma mistura de ansiedade e agitação (eu já tinha vivido esse sentimento antes, não?), entrei no cubículo.

Era um banheiro químico azul, escuro, com aquela fileirinha branca na minha frente, junto com uma nota enrolada, em cima do suporte onde ficava o papel higiênico.

Era simples: bastava direcionar a nota enrolada para o nariz e aspirar o pó.

Foi o que eu fiz. Saí do banheiro, reencontrei o meu amigo e em menos de cinco minutos senti o efeito.

Eu me senti destemido, bonito, confiante, desinibido, e, o mais interessante, totalmente no controle de mim.

Pela pequena quantidade que usei, as outras pessoas não perceberam nada, mas eu parecia estar mais "legal e sociável".

Lembro-me de ter conversado com pessoas importantes para o meu trabalho como assessor na época, e de ter conseguido estreitar muitos laços.

Minha irmã, sem saber que eu estava me drogando, ficou feliz por eu estar socializando, porque isso seria bom para nosso trabalho.

Quando chegamos em casa eu já estava sóbrio, mas um sentimento tomou conta de mim: *Quero sentir isso de novo. Eu adorei.*

Com esse sentimento, veio uma preocupação enorme: *Cocaína é muito viciante. E não é necessário estar numa balada para usar. Todo lugar é lugar.*

No dia seguinte, fui trabalhar. Mais um dia normal de trabalho, aquela rotina com falta de foco e sem propósito.

Durante o dia, resolvi mandar uma mensagem para um conhecido perguntando se ele conseguiria me arranjar cocaína, e ele respondeu que sim.

— Vou querer quatro pinos.

A cocaína geralmente vem em saquinhos ou em pinos, parecidos com pequenos tubos de ensaio.

Na noite do rodeio eu havia usado apenas um quarto de pino, e minha encomenda foi uma quantidade bem maior, mesmo só tendo experimentado uma vez!

Saí do trabalho e fui ao encontro dele na rodoviária. Peguei o pacotinho bem discretamente e entrei no ônibus, voltando para casa.

Chegando, fui para o meu quarto, tranquei a porta, coloquei uma música e, "eufórico e animado", resolvi cheirar uma fileirinha em cima da mesa do computador.

Eu me senti incrível! Enorme! A libido aumentou e fiquei flertando com várias pessoas pelas redes sociais.

O efeito começou a passar e parti para a segunda fileirinha, ainda do primeiro pino. Eu me senti grande novamente. Terceira fileirinha... e quarta. O primeiro pino acabou.

O prazer e o bem-estar logo deram lugar a uma sensação de ansiedade, de mau pressentimento, de falta de esperança. *Meu Deus, isso vai acabar comigo. De novo, não!*, pensei.

Percebi que esse medo era efeito da droga. Para tentar enfrentá-lo, peguei os três pinos restantes, abri cada um, despejei no vaso sanitário e dei descarga. Na hora, senti alívio, como se eu pudesse ter controle e consciência de que não me viciaria naquilo.

Tomei um banho, comi alguma coisa e fui tentar dormir. Demorei um pouco a pegar no sono, mas finalmente adormeci.

Meu melhor amigo

Neste momento, quero apresentar alguém que nunca desistiu de mim: meu melhor amigo, Guilherme. Ele foi, é e sempre será uma das pessoas mais importantes da minha vida. E, se de fato existe uma alma gêmea, ele é a minha, da forma mais genuína em que se pode pensar.

Nós nos conhecemos em 2009 e nos apaixonamos. Começamos a namorar e passamos três anos, até 2012, juntos. Nosso amor era (é!) algo que ninguém consegue explicar. É genuíno, puro e extremamente forte. Mesmo quando nosso relacionamento não ia bem, percebemos que o amor continuava enorme, mas que não tínhamos mais tanto desejo físico um pelo outro, e era algo recíproco. Demoramos a entender que sentíamos um amor de irmãos, mas finalmente entendemos. Terminamos o namoro e ficamos bem. Aos poucos fomos construindo uma amizade que se fortaleceu muito depressa, justamente por não ser algo novo, mas um sentimento que apenas se transformou.

Em 2014, no início da minha fase de balada, comecei a ficar com meu segundo namorado, que me acompanhava nesse momento louco. Ambos estávamos na mesma "sintonia" baixa. O namoro durou até 2016.

Nessa época, o Guilherme morava com os pais e eu com um amigo querido. Começamos a cogitar a ideia de morarmos juntos, afinal ele é sempre muito centrado, responsável, correto, de bom coração, e eu era um inconsequente, mas com o coração bom, querendo me livrar de todos aqueles sentimentos. Eu sabia que o Guilherme seria meu porto seguro, porque ele sempre me aconselhava, me ajudava a me entender melhor.

Voltando ao episódio dos quatro pinos de cocaína, naquela noite em que joguei a droga no vaso pensei muito e decidi desacelerar meus exageros.

A vida me presenteou com a oportunidade de finalmente morar com meu melhor amigo. Eu tinha a esperança de que a partir dali tudo mudaria. Tendo uma pessoa responsável ao meu lado, eu andaria mais na "linha".

De certa forma isso aconteceu durante um tempo, mas percebi que coloquei meu melhor amigo no papel de pai e mãe.

As noitadas diminuíram, mas não cessaram. Meu namorado da época e eu saíamos, ficávamos loucos e voltávamos para casa, que agora ficava bem perto da balada que frequentávamos.

Minha irmã começou a se preocupar ainda mais com a queda brusca do meu rendimento no trabalho, mas, sendo minha irmã, sempre tentava dar um jeito de me ajudar, mesmo que fosse chamando a minha atenção.

A coach

Em uma última tentativa de me dar uma força antes de infelizmente me demitir, a Mariana contratou uma profissional para me ajudar a me tornar mais produtivo. Uma coach. Seu nome era Laura.

Lembro que num domingo minha irmã me disse:

— Amanhã chegue às nove da manhã no escritório, porque ela vai estar te esperando lá.

Às nove eu tinha acabado de acordar, agitado e assustado por ter perdido a hora. Corri para o escritório, cheguei trinta minutos atrasado. Minha irmã, furiosa, me mandou entrar e conversar com a profissional e avisou que depois *ela* mesma teria uma conversa comigo.

A coach, muito simpática, se apresentou e me pediu para falar um pouco de mim. Ela me entregou um caderno novo, com folhas coloridas, em que cada cor representaria uma área da minha vida a ser reestruturada, e pediu que eu o levasse para todas as sessões. Fiquei muito animado e senti minha fé se restabelecer um pouco. Eu voltaria a andar na linha.

Em uma das sessões ela avisou sobre um treinamento com um impacto emocional grande: eu passaria de sexta-feira até domingo imerso no trabalho com minha inteligência emocional. Na época o treinamento custava dois meses do meu salário, e eu, cheio de dívidas, nem cogitei a ideia.

Tenho muita fé em Deus e muita fé que minha mãe é meu anjo da guarda. Ao mesmo tempo que tudo isso acontecia, eu não entendia por que não havia sofrido nenhuma consequência até então... Até aquele momento...

Cara a cara com a minha sombra

Um dia, no meio da semana, por volta das sete da noite, estava eu deitado na cama, um tanto desanimado, sem energia, quando senti uma coisa estranha, um medo que começava a tomar conta de mim. As mãos começaram a tremer, o corpo a suar frio, e eu tive uma vontade tremenda de chorar.

Pedi ao meu namorado que deitasse comigo e segurasse minha mão. Nunca tinha sentido tamanha falta de esperança antes, como se a qualquer momento eu pudesse morrer. Eu vivia uma sensação de perigo dentro do meu quarto, dentro da minha casa.

Passados uns vinte minutos, me acalmei e percebi que tive uma crise de pânico. Eu nunca havia experimentado um sentimento e uma sensação tão ruins. Naquele momento eu só conseguia pensar: alguma coisa muito errada estava acontecendo comigo.

Logo no dia seguinte, pesquisei com meu convênio médico um psiquiatra para me ajudar a descobrir o que havia acontecido. Eu, até então, tinha uma visão bem equivocada sobre medicamentos. Pensava: *Com menos de 25 anos, tomar antidepressivos? Estou sendo fraco, não estou conseguindo resolver sozinho.* Mesmo com esse preconceito, diante do meu desespero, marquei a consulta.

Cheguei ao consultório da psiquiatra após o almoço. Uma mulher, na faixa dos 60 anos, de cara fechada, me pediu para entrar. Sem olhar no meu olho, ela perguntou:

— O que te trouxe até aqui?

— Estou agitado, sem foco nenhum, com oscilação de humor, me sentindo pra baixo.

— Vou te dar um antidepressivo e um medicamento para déficit de atenção. E, caso tenha alguma crise, vou prescrever um ansiolítico para você tomar — disse a médica.

Em uma consulta de apenas *cinco* minutos, ela me diagnosticou com ansiedade, TDAH (transtorno do déficit de atenção e hiperatividade) e depressão. Ritalina, fluoxetina e clonazepam foram os remédios receitados.

Depois da consulta, comprei os remédios e voltei para o escritório. Algo dentro de mim estava questionando aquilo. Eu estava estranhando que a psiquiatra tivesse receitado três medicações sem nem ao menos conversar comigo direito, mas na hora não falei nada.

Comecei a tomar fluoxetina e em poucos dias meu humor se normalizou um pouco, o que de certa forma me tranquilizou.

O grande problema foi a ritalina, que ela receitou para déficit de atenção. A médica não teve o cuidado de perguntar se eu usava drogas, porque isso pode tornar a ritalina um perigo.

Esse remédio é um estimulante do sistema nervoso central que, adivinha só, é estruturalmente relacionado com a anfetamina, mesma substância presente no ecstasy.

Quando iniciei com a ritalina, percebi uma sensação forte de atenção, estado de alerta, bem-estar e até certa euforia, alguns sintomas bem parecidos com o que eu sentia quando tomava ecstasy na balada. A receita mandava tomar dez miligramas de ritalina por dia, ao acordar.

Pesquisei um pouco sobre o fármaco e percebi que, se a pessoa tivesse um grau elevado de TDAH, poderia tomar uma dosagem maior. E foi aí que experimentei tomar dois comprimidos por vez, sem prescrição médica.

Percebi que, assim, me sentia mais eufórico, a libido aumentava, mas ao mesmo tempo vinha uma leve sensação de ansiedade.

Quatro, cinco comprimidos. Cheguei a passar em médicos diferentes para conseguir mais receitas.

Em determinado momento pensei: *E se eu aspirar? Será que o efeito vem mais forte?* Eu me lembro de pegar dois comprimidos, esmagá-los com uma faca, fazer uma fileirinha branca, bem parecida com a da cocaína, e aspirar.

Minutos depois, o efeito veio. Mais rápido do que quando eu ingeria o comprimido. Desse meu uso ninguém sabia.

Numa noite, eu estava num momento de abstinência e queria sentir aquele bem-estar. Comecei a tomar os comprimidos. Um, dois, três... resolvi sair. Fui a um bar, sozinho, para tomar uma bebida e descobrir se ela potencializaria o efeito. Comecei a sentir o impacto... Quatro, cinco, seis comprimidos de ritalina. Minha pupila dilatou, tive tremores pelo corpo, e a libido aumentou. Sete, oito comprimidos! Fiquei estranho novamente, parecido com a segunda vez que usei cocaína, em casa, só que dessa vez eu estava na rua.

Parei em um posto de gasolina, comprei uma garrafa com água e bebi meio litro em questão de segundos. Depois entrei em uma padaria e comi um lanche reforçado, para amenizar os efeitos, e fui para casa.

Os dias continuaram nebulosos, e uma pergunta não saía da minha mente: o remédio que me cura é o mesmo que me afunda? Isso não está certo. Minha falta de foco tinha aumentado drasticamente. Eu não tinha vontade de fazer nada, absolutamente nada, mas me obrigava, porque precisava trabalhar.

Num dos dias em que eu teria consulta com a coach, ela chamou minha irmã também e disse:

— Vocês se lembram daquele treinamento sobre o qual falei outro dia? O facilitador do treinamento se interessou em contratar uma assessoria de imprensa e pensou em vocês. Gostariam de marcar uma reunião com ele?

Prontamente minha irmã aceitou, marcamos e fomos conhecer a empresa, que na época ficava numa casinha antiga na Zona Sul de São Paulo.

Quem nos recebeu foi Rodrigo Fonseca, dono e idealizador do Método Lótus, um treinamento de forte impacto emocional que em breve mudaria minha vida para sempre.

Conversamos sobre todas as expectativas para a assessoria de imprensa e o Rodrigo disse:

— Eu gostaria que vocês conhecessem o treinamento, passassem por ele para entender melhor o meu propósito de vida.

— Claro! Com certeza — concordou minha irmã.

Quando saímos de lá, decidimos que eu faria o treinamento primeiro, já que estava em uma situação mais delicada. Seria um jeito de "unir o útil ao agradável".

Rodrigo avisou apenas que eu ficaria no hotel-fazenda em que ocorreria a imersão, bem próximo de São Paulo, de sexta à noite até domingo. Não me deu mais qualquer detalhe. Mesmo apreensivo, pensei: *Mal não vai fazer*.

45

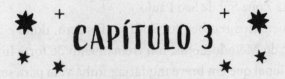

CAPÍTULO 3

VIRADA DE CHAVE

Na sexta-feira, cheguei ao hotel-fazenda no início da noite. De longe já avistei dois grupos: num deles as pessoas tinham o olhar desconfiado, apreensivo, e seguravam uma pasta; o outro grupo parecia feliz, animado, e usava um crachá verde pendurado no pescoço.

Percebi que ficaria entre as pessoas apreensivas, sem entender o que estava acontecendo. Logo que me identifiquei na recepção, ganhei uma pasta igual à dos membros do grupo dos apreensivos. O mais interessante é que, apesar de um pouco tenso, eu sentia confiança, esperança de que ali minha vida iria mudar, como se eu estivesse pressentindo o que estava por vir. E eu não estava errado.

O treinamento começou, uma animação tremenda, os organizadores nos tratando com muito amor, pessoas felizes nos dando as boas-vindas. Tudo aquilo me fez sentir que era possível ser feliz sem precisar de drogas nem qualquer outra coisa do tipo. Em pouco tempo ali percebi que, sim, era perfeitamente possível.

Na primeira noite vivi alegria e tristeza intensas, que se fundem estranhamente. Durante aquele fim de semana tive uma experiência guiada e simulada de morte, em que, de olhos fechados, visualizei um caixão rodeado por todas as pessoas que amo. Eu estava naquele caixão; minha vida havia se encerrado ali.

Lembro que, mesmo sendo uma simulação, a vida passou como um filme na minha cabeça e a todo momento eu pensava: *O que eu fiz da minha vida? Que legado vou deixar? Apenas momentos vazios? Felicidade momentânea causada por drogas? NÃO, NÃO E NÃO!*

Esse exercício foi aplicado justamente para entendermos que, se não fizermos algo AGORA, amanhã pode ser tarde demais. Foi quando aprendi a grande lição: o momento é agora e eu é que tomo a decisão de mudar!

No domingo de manhã, antes de iniciarmos o último dia de treinamento, tive um encontro com Deus em meus pensamentos. De olhos fechados, lembro como me senti confortável com a presença Dele.

Entrei no salão e começamos a última parte da imersão, a mais impactante, transformadora e emocionante para mim.

Minha mãe, que me deixara quando eu tinha 14 anos, voltou em minha mente com muita intensidade, como se eu pudesse sentir o toque das suas mãos em meu corpo. Senti paz e acolhimento. Parecia que meu corpo tinha sido restaurado, e minha fé, restabelecida.

Em alguns instantes eu iria entrar em estado de meditação profunda, e seria guiado para o meu renascimento. Uma das experiências mais fortes e profundas que tive o prazer de vivenciar.

Eu me lembro de conseguir me imaginar no útero da minha mãe, no momento em que fui concebido. E nesse momento percebi: estou seguindo o mesmo caminho dela! Não quero! Quero fazer diferente. Essa história não é a minha. É a dela!

A bebida, as drogas, faziam parte de uma vida sem propósito da minha mãe, à qual, obviamente, sem culpa nem direcionamento, ela se entregou, mas por que eu não poderia fazer diferente?

Relembrei meus 8 anos, quando fui obrigado a escolher entre a emoção (minha mãe) e a razão (meu pai) no momento da separação. Naturalmente é mais comum vermos os filhos escolhendo ficar com a mãe, mas naquela situação entendi que minha mãe precisava de ajuda e que meu pai teria mais condições de cuidar de uma criança.

Eu tinha quebrado o protocolo aos 8 anos e havia me esquecido disso. Ali, naquele hotel, naquele domingo, me lembrei de tudo!

Naquele dia entendi por que sempre amei ajudar as pessoas, entendi por que meu trabalho como atendente de telemarketing, recebendo ligações de pessoas que precisavam de ajuda, era o que me motivava: *EU VIM AJUDAR AS PESSOAS!* Era isso!

E nesse momento meu coração transcendeu! Eu tinha descoberto meu PROPÓSITO DE VIDA!

Jurei que a partir dali minha vida NUNCA mais seria a mesma.

Terminei o treinamento no domingo com um único sentimento: recomeço!

Recomeço

A segunda-feira chegou e eu acordei feliz, saltitante, ouvindo música bem alto e querendo abraçar todo mundo que visse pela frente. Eu queria gritar para o mundo a minha felicidade — afinal, havia entendido que é possível ser feliz sem precisar de drogas.

Saí daquele treinamento querendo parar de tomar qualquer medicação, pois dentro de mim estava certo de que eu estaria curado!

E isso era em parte verdade.

Depois de umas três semanas sem qualquer sintoma de ansiedade, medo e pânico, marquei uma consulta com outra psiquiatra. Diferente da primeira que me atendeu, esta me recebeu com um sorriso no rosto, acolhedora e solícita.

Descrevi para ela a intensa experiência que havia vivido, e em seguida expliquei que gostaria de interromper a medicação.

— Paulo, precisamos ir com calma para realizar o desmame. Seria recomendável que você passasse em algum profissional da psicologia para fazer um acompanhamento mais de perto. Vamos fazer o desmame bem gradualmente — foi o que ela respondeu.

— Ok, vou procurar um psicólogo.

Depois de conversar com a segunda psiquiatra, percebi que a cura é um processo, e que para cada pessoa o tempo de recuperação é diferente. Apesar de ainda estar me sentindo renovado três dias depois do treinamento, eu não estava nutrindo hábitos bons na minha vida até então, e por isso precisaria de ajuda para realizar essas transformações.

A partir do dia do treinamento não parei mais de refletir, e entendi que ninguém tinha me transformado: as pessoas e os acontecimentos foram canais que usei para perceber meu próprio valor e iniciar minha transformação.

Você deve lembrar que fiz a imersão a convite do Rodrigo, para conhecer o seu trabalho porque o escritório da minha irmã iria prestar serviços de assessoria para a empresa dele. Tive certeza de que seria gostoso e motivador cuidar de um cliente que tinha a ver com o que eu buscava: conviver com pessoas motivadas, interessadas em encontrar a melhor versão de si mesmas.

Pedi à minha irmã para cuidar exclusivamente da conta desse cliente, assim eu me sentiria mais motivado.

Com fé, amor e motivação, consegui entrevistas de televisão para o Rodrigo, matérias em jornais, revistas e sites. Para mim, isso era motivo de orgulho. Eu gostaria que todos tivessem a oportunidade de conhecer o cara que foi o canal para a transformação da minha vida.

Rodrigo fazia um trabalho voluntário chamado "Centro Emocional", criado por ele mesmo, ministrando palestras gratuitas todas as quartas-feiras. Nesses eventos, ele trazia um tema para ser trabalhado, acompanhado de um exercício de meditação. As pessoas não pagavam nada para assistir, mas havia uma lojinha na porta do auditório onde elas podiam comprar CDs de meditação, livros escritos pelo Rodrigo e sprays aromáticos. Ele me convidou para cuidar da lojinha às quartas-feiras e eu aceitei.

E então ela se apresentou: a numerologia

Nós nos encontrávamos uma vez por semana. Eu passava no escritório do Rodrigo e dali íamos de carro até o espaço de eventos. Num desses percursos, Rodrigo, sabendo da minha transformação, mas ainda sem muitas informações, perguntou:

— Paulinho, você conhece numerologia? Já fez seu mapa numerológico alguma vez?

— Não, Ro, nunca fiz. É aquilo de mudar letra, número de casa?

— Sim, mas não é só isso. Vou te apresentar uma pessoa que você vai adorar conhecer.

Rodrigo parou para abastecer e, com o celular preso a um suporte no retrovisor, fez uma chamada de vídeo com uma das pessoas a quem tenho muita gratidão em minha vida: Daniela, numeróloga e amiga de Rodrigo há anos!

— Dani, tudo bem? Tenho um cliente pra você. Esse é o Paulinho, meu assessor de imprensa.

— Olá, tudo bem? Prazer! Rodrigo falou muito bem de você — disse.

Eu estava um pouco tímido.

— Prazer — respondeu ela. — Fico feliz em saber disso!

— Vou pegar seu contato com ele para fazer meu... mapa... numerológico.... É assim que se fala?

— Sim! Isso mesmo. Vou esperar seu contato — concluiu ela, simpática e solícita.

Salvei o número de telefone dela.

Passaram-se alguns dias, e vários amigos que eu havia feito no treinamento falavam sobre Daniela, sobre como estavam impressionados com o mapa numerológico deles. Isso foi me intrigando cada vez mais.

Eu não sabia se acreditava ou não, mas tinha um fio de curiosidade.

Peguei o celular e mandei uma mensagem. Toda atenciosa, Daniela me explicou como funcionaria a consulta. Seria uma chamada de vídeo com aproximadamente uma hora de conversa. Eu receberia o áudio da nossa consulta para ouvir quantas vezes quisesse. A consulta custava 350 reais.

Trezentos e cinquenta reais? Por uma hora de consulta? Mas e depois? Acaba a consulta e eu não tenho mais esse dinheiro. Sim, era desse jeito limitado que eu pensava.

O valor correspondia a um terço do meu salário, que já estava todo comprometido. Fui deixando o assunto para lá, mas os dias foram passando e mais pessoas falavam do bendito mapa numerológico.

Animado, curioso, porém ainda levemente apreensivo devido ao custo, resolvi fazer. Marquei a consulta.

Passei meu nome completo e minha data de nascimento, apenas. Daniela dissera que não precisava da hora nem do local de nascimento. Estranhei, mas segui em frente.

Quando chegou o dia da consulta, sentei na frente do computador e logo entrou a chamada de vídeo da Daniela.

— Preparado? — perguntou ela.

— Muito! Curioso, inclusive!

Eis que, antes mesmo de começarmos, ela fez uma pergunta que me intrigou bastante:

— Você já trabalha com espiritualidade ou algo assim? Ajuda pessoas?

— Hum, não. Mas eu adoro esse mundo!

— Que bom. O seu mapa tem espiritualidade pura, e você vai precisar trabalhá-la — disse ela logo de cara.

Nesse momento eu até ajustei minha postura na cadeira e fiquei receptivo a tudo o que a Dani tinha para me falar.

Ela fez uma introdução e frisou:

— Numerologia não é adivinhação, nem religião. É uma espécie de aconselhamento para guiar você rumo ao seu propósito de vida.

Engraçado ela ter dito isso e, durante a hora seguinte, ter "adivinhado" TUDO sobre a minha vida. Fiquei extremamente intrigado. Como ela tinha conseguido "descobrir" tudo isso?

Ela citou a forte ligação com a minha mãe e falou sobre eu enfrentar desafios para me impor limites. Falou também sobre minhas oscilações de humor, as situações que eu vivera naquele ano, TUDO!

Eu me vi apaixonado por absolutamente tudo que ela me disse. Todas as informações bateram. Ela explicou que eu tinha uma mediunidade fortíssima, que precisava cuidar mais dela, e também citou meus dons e talentos para numerologia e astrologia. Ouvi essa informação, achei legal, mas não passou disso.

Depois de umas duas semanas, a minha coach, Laura, que também era voluntária na equipe do Rodrigo, me avisou:

— Paulinho, parece que a Dani vai dar um curso de autoconhecimento de numerologia para alguns funcionários do Rodrigo. Tem interesse? Posso tentar um jeito de fazer você entrar.

— Sim! — respondi imediatamente.

Horas depois, fui adicionado a um grupo de mensagens no WhatsApp: "Curso Autoconhecimento em Numerologia Pitagórica".

Em seguida, um dos colaboradores mandou uma mensagem no grupo: "Adicionei o Paulinho. Vamos fechar a turma assim, para não ter muita gente."

Eu fui o único não funcionário do Rodrigo a entrar no grupo. Uma exceção. Seria o acaso? Não. Era para ter acontecido exatamente assim.

O curso custava 440 reais. Para minha condição na época, era muito dinheiro, mas resolvi arranjar o valor e fazer.

As aulas seriam dadas pela internet, seis horas divididas em dois dias. Nós seríamos introduzidos aos conceitos básicos da numerologia, estudaríamos as principais camadas e aprenderíamos a calculá-las. Vocês terão acesso a essas ferramentas na segunda parte do livro.

Além da legítima vontade de aprender mais sobre o assunto, um dos motivos que me levaram a fazer o curso foi descobrir como chegar ao mesmo resultado numérico que a Daniela apresentou do meu mapa numerológico. Afinal, se não era adivinhação, eu teria que chegar ao mesmo resultado a que ela chegou.

Eu nunca tinha me visto tão focado em querer aprender uma coisa, como se tivesse uma sede infinita por absorver tudo, absolutamente tudo.

Para minha "surpresa", no momento em que chegamos à parte na qual aprenderíamos a calcular as principais camadas de energia, cheguei exatamente ao mesmo resultado que tinha ouvido algumas semanas antes.

O primeiro pensamento foi: *MEU DEUS! Isso funciona! Por que só agora eu conheci esse universo mágico da numerologia? Isso pode guiar vidas!*

O que eu conhecia sobre o assunto era muito raso e provavelmente é a mesma coisa que muitas pessoas leigas já ouviram falar: adicione uma letra a mais em seu nome para abrir caminho; para ter prosperidade, mude o número da sua casa; e outras intermináveis soluções "fáceis" para transformar vidas — coisas nas quais eu não acredito.

No fim do curso, percebi que havíamos aprendido a calcular apenas quatro das principais camadas. Um mapa numerológico é composto de 14 camadas de energia, cada uma representando um traço de quem você é.

Ter consciência dessa informação me fez mergulhar num mar de curiosidade e anseio por aprender mais e mais.

Quando o curso terminou, Daniela perguntou se gostaríamos de aprender tudo sobre numerologia, um curso que nos capacitasse a nos tornar numérologos. Todos aceitaram, inclusive eu.

O valor do curso? Dois mil e quatrocentos reais, podendo ser pago em seis parcelas de quatrocentos reais. Meu Deus! De onde eu tiraria esse dinheiro? Pensei: *Bom, preciso ter o valor da primeira parcela. O resto eu me viro. Vai dar certo!*

O curso duraria seis meses, afinal a numerologia exige um conhecimento muito amplo sobre diversas áreas da nossa vida.

Esperei pela primeira aula na maior animação. Naquela noite, um sentimento forte tomou meu coração, e com ele tive uma certeza: *Eu me encontrei! É isso que quero fazer. Vou ser numérologo!*

Estranhamente, a partir dessa noite comecei a escrever uma apostila, tamanha era minha certeza de que no futuro eu seria professor de numerologia. A apostila foi sendo criada conforme crescia o meu entendimento de cada aula. Fui compilando todo o conteúdo e formando um material para que eu pudesse estudar de forma mais fácil. Seria uma apostila pessoal.

À medida que as aulas foram acontecendo, a apostila foi ficando mais e mais completa. Antes da penúltima aula, resolvi mostrar meu material para Dani. Ela ficou impressionada, não conseguia acreditar em tamanha dedicação, e perguntou se poderia ficar com uma cópia.

Imagine minha felicidade: minha mentora pedindo uma cópia de um material que eu, um mero aluno, havia escrito.

Em um momento de coragem e talvez ousadia, perguntei a ela se poderia oferecer aos alunos do curso uma cópia e na mesma hora ela disse sim.

Fiquei extremamente feliz e pensei: *Quanto eu posso cobrar? Uma apostila com cerca de duzentas páginas. Cento e setenta reais! Esse vai ser o preço pelo meu trabalho.*

Na turma, além de mim, havia dez alunos. Na aula de encerramento, Dani falou sobre minha apostila, elogiando-a para meus colegas, e me deu a deixa para falar sobre a venda. Os dez, simplesmente os dez se interessaram! Seriam 1.700 reais! Nunca tinha imaginado receber tanto dinheiro de uma só vez. Ali eu tive mais certeza: é isso o que eu vim fazer! Mal acabei o curso e já tive um retorno financeiro.

E uma observação principal: se engana quem acha que fui hipnotizado pelo dinheiro. De forma alguma. Fui hipnotizado pelo fluir daquilo que tinha acabado de descobrir como meu propósito de vida. Algo que para mim foi tão natural.

Profissão? Numerólogo!

— E a partir de agora eu os declaro, oficialmente, numerólogos! — finalizou Dani.

Aquilo para mim foi de uma felicidade tão enorme que eu não via a hora de iniciar minha nova carreira.

Conciliando essa atividade com meu trabalho de assessoria de imprensa para o Rodrigo, eu, com minha pouca experiência, fiz algumas postagens no meu Instagram, que na época tinha pouco mais de 2 mil seguidores, além do meu Facebook. Comecei a divulgar meu trabalho, ainda meio sem saber como abordar as pessoas, mas comecei com o que eu tinha.

Alguns empecilhos logo apareceram, entre eles o preconceito por parte de alguns e a preocupação das pessoas que me amavam em relação ao meu futuro.

"Numerólogo não é profissão."

"Você não vai conseguir ser alguém na vida fazendo numerologia."

"Como vai ganhar dinheiro?"

"Isso não dá futuro."

Esses foram alguns dos palpites que ouvi.

Parentes e amigos, preocupados com meu futuro, sempre me questionavam:

"Tem certeza?"

"Você tem contas para pagar."

"Vai conseguir clientes?"

A todas as perguntas eu respondia que sim, sim e sim, mas as pessoas queriam saber como eu ganharia dinheiro com aquilo.

A sociedade coloca o dinheiro à frente dos sonhos, mas, me rendendo a esses questionamentos, fiz o seguinte cálculo: *Se meu mapa custar 170 reais e eu conseguir fazer dez mapas por mês, com duração de uma hora cada, vou conse-*

guir ganhar 1.700 reais por mês. Praticamente dois salários mínimos da época, trabalhando dez horas por mês. Seria impossível? Para mim, não.

O pensamento que dominava minha mente era: *Quero ajudar o máximo de pessoas que puder.*

Comecei a divulgar mais e mais, e logo foram aparecendo os primeiros interessados.

O nervosismo e a felicidade se misturavam, vendo ali a oportunidade de ajudar pessoas a encontrar seus propósitos de vida.

No primeiro mês consegui apenas uma cliente. Meu primeiro dinheirinho estava entrando. Sem escritório físico ou um modelo pronto de trabalho, fomos até um McDonald's, e, numa daquelas mesas, realizei meu primeiro atendimento. A cliente saiu totalmente satisfeita, e eu, com a sensação de dever cumprido!

No segundo mês, para minha surpresa, consegui bater a meta de dez clientes! Mil e setecentos reais em um mês! *Obrigado, Deus, obrigado, Universo!* Eu vibrei.

No terceiro mês, 17 clientes pagantes! Foram 2.890 reais! Meu trabalho foi crescendo exponencialmente apenas com o boca a boca. Eu tinha orgulho de falar sobre o que eu fazia em minhas redes sociais, para conhecidos e amigos.

No quinto mês eu já havia ultrapassado os 5 mil reais, trabalhando com algo que amo!

Ignorei os conselhos baseados no medo, no tradicional, e resolvi seguir acreditando e fazendo o que amo!

No final de 2017, meu primeiro ano como numerólogo, fui convidado a participar do programa *Mais Você*, da Rede

Globo, falando sobre a energia de 2018, que já estava chegando. Menos de um ano de carreira e um dos principais programas matinais me chamou para abordar o assunto. Eu só conseguia agradecer, agradecer e agradecer.

Lembro bem que minha mente começou a virar uma fábrica de sonhos.

No segundo ano como numerólogo, comecei a ter contato com os primeiros influenciadores digitais, entre eles Bianca Andrade, mais conhecida como Boca Rosa, empresária e empreendedora, que acreditou em mim e divulgou meu trabalho com muito carinho para seus mais de 6 milhões de seguidores, na época.

Com dois anos de profissão, cheguei a ter um ano e meio de fila de espera, pela grande demanda vinda dos influenciadores que comecei a atender.

Passaram-se os anos, meu amor pelo meu trabalho só fez crescer e fui percebendo aos poucos: eu realmente sacudi a poeira e dei a volta por cima!

Não faria sentido falar em propósito de vida, espiritualidade e numerologia na prática sem apresentar minha história, que narra como cheguei até aqui, os caminhos que percorri e como acreditar em seus sonhos faz a diferença quando se deseja fazer o que ama.

A partir de agora, por meio de ensinamentos, vamos falar sobre os grandes aprendizados que obtive para quebrar barreiras e atingir a satisfação de trabalhar com a minha paixão profissional!

Seja bem-vindo ao meu olhar sobre o mundo.

PARTE 2
PROPÓSITO DE VIDA

Afinal, o que é propósito de vida?

Eu poderia arranjar uma forma de falar bonito ou explicar de um jeito complicado, bem formal, mas prefiro me expressar da forma mais simples possível, pois não é tão difícil saber o que faz nosso coração bater mais forte. Basta sentir. (E, aliás, você se permite sentir?)

Propósito de vida é o motivo pelo qual você nasceu. É a marca que veio deixar nesta existência. É o que faz seu nascimento ter um significado. É a lembrança nunca esquecida da sua passagem por esta vida.

Propósito é aquele pergaminho preparado muito antes de nascermos, um acordo que fazemos para ser cumprido e para exercermos nosso dom, dado pela divindade, por Deus.

CAPÍTULO 4

O ENCONTRO COM O DESTINO

Uma pergunta que sempre me fiz foi: *Como é ser feliz? O que é felicidade? Vende em algum lugar?*

Durante a infância, fui aquele menino questionador, observador e que prestava atenção nos sentimentos e nas emoções das pessoas.

Hoje, percebo que meus questionamentos e o jeito observador continuam firmes e fortes, só que agora tenho a capacidade de ser um canal de transformação, não apenas da minha vida, mas também da de todas as pessoas que buscam descobrir seu propósito.

Consegue se lembrar da sua infância? Você se lembra de que desde pequeninos temos desejos, vontades e sonhos? Muitos dos desejos de criança fazem parte do nosso propósito, pois na infância ainda não sofremos tanto com as intervenções que o crescimento nos impõe. Não sofremos com a desigualdade, com os medos, nem com as incertezas e as crenças limitantes.

E o que são os sonhos e desejos? Serão somente uma forma de alimentarmos nosso ego e nossas vontades "mundanas" e "carnais"? Ou na verdade são formas de entendermos o que nos leva a acordar todo dia, para fazer o que fazemos?

Você já se perguntou o motivo de acordar todos os dias? Já se perguntou por que se entristece no domingo à noite, sabendo que virá mais uma semana de trabalho? Já se perguntou por que inicia a segunda-feira pensando no fim de semana?

Quero convidar você a fazer uma pausa na leitura do livro, fechar os olhos, colocar uma música instrumental tranquila, calma, e se concentrar nas perguntas que acabei de fazer. Respire fundo, lentamente, como se pudesse sentir o ar sendo um combustível para o seu corpo, fazendo você se sentir vivo. Expire devagar, colocando para fora qualquer preocupação com o dia de hoje. Repita esse processo três vezes ou o quanto julgar necessário para sentir o aqui e o agora.

Depois de refletir por um tempo, responda nas linhas a seguir às perguntas feitas acima: qual é seu motivo para acordar todos os dias? Por que você se entristece aos domingos à noite ao se lembrar da semana que tem pela frente? Por que costuma iniciar a segunda-feira pensando no fim de semana?

_____

_____

_____

_____

CAPÍTULO 5

REFLEXÕES

Pureza: enxergando o mundo com os olhos de uma criança

Criança... Um ser tão simples, tão puro, tão verdadeiro com seus sentimentos.

Sem medo de julgamentos, sem preocupação com o que vão pensar, elas simplesmente vivem. Seria tudo mais simples se não tivéssemos perdido o contato com a criança que fomos. E se não tivéssemos esquecido os sonhos, desejos e anseios dela.

Antes de continuar, eu gostaria de colocar aqui uma canção para refletirmos:

A criança que fui um dia
REVERB POESIA

A criança que eu fui um dia hoje veio me visitar
Mas não se encontrou em mim
Mas não se reconheceu

A criança que eu fui um dia hoje veio me visitar
Em qual mentira por aí
Que a gente se perdeu?

Desaprendeu a sorrir, foi?
Desaprendeu a sorrir, é?
Quem te ensinou a desistir
Quem te ensinou a desistir de ser o que você quiser?
De ser o que você quiser

A criança que eu fui um dia mora
Dentro desse adulto que eu me tornei
Na mesma gaveta onde eu guardo os
"Para de sonhar, leva a vida a sério"
E ela representa tudo o que eu quis ser um dia
Mas, parei de sonhar e levei a vida a sério
Sim, exatamente como me disseram pra fazer
Mas, ao contrário de mim, ela nunca desiste
Ela insiste em me fazer sorrir
Essa criança não marcou hora na minha agenda lotada
de desculpas
Não pediu licença, simplesmente abriu a porta e veio
me visitar
E como quem fala
"Ei, você não tá mais de castigo"
Ela me olhou e disse a coisa mais séria que eu já ouvi:
"Você quer brincar comigo?"

Compositores: Allan Dias Castro, Tiago Corrêa

Se você tiver acesso a uma plataforma de streaming de música, busque essa canção e ouça com atenção. Feche os olhos

e sinta. Se a criança que você foi um dia o encontrasse hoje, ela o reconheceria? Ela diria que você é tudo o que ela quis ser? Ou encontraria um ser humano diferente do que imaginou?

Reflita e perceba como, muitas vezes, nos desconectamos do que gostaríamos de ser, justamente para nos encaixar no que a sociedade exige, assim como nossos pais ou tutores — e ainda de acordo com as condições e oportunidades que ditam o que precisamos ser.

De nossos pais, muitas vezes ouvimos: *Se você quer ser bem-sucedido, precisa estudar muito para entrar em uma faculdade de Direito, de Engenharia ou de Medicina. Se não fizer nenhuma das três, tente fazer um concurso público, para ter, no mínimo, estabilidade.*

Essa cobrança por "ser bem-sucedido" faz muitos de nós nos perdermos pelo caminho. Faz muitos de nós desistirmos dos nossos sonhos apenas para agradarmos nossos pais.

Sim, a maioria dos pais e mães quer o melhor para nós, mas na visão deles e não na nossa. Somente você pode saber o que faz seu coração vibrar. Pode parecer um pensamento um tanto rebelde, mas na verdade tem a ver com priorizar a necessidade de ser o condutor da própria vida.

Aqueles que têm pais/mães ou tutores rigorosos nascem e crescem com um imenso medo de errar.

Mas o que é o erro senão uma tentativa de acertar? Será que errar de fato é algo ruim? Ou o erro faz parte de um movimento de mudança?

Se todo mundo diz que "É errando que se aprende", mais uma vez eu pergunto: por que temos tanto medo de errar?

Vamos para mais uma reflexão?

Quero que você faça mais dez minutos de silêncio, apenas você consigo mesmo. Pare, reflita e escreva o que VOCÊ sonhava ser quando crescesse, enquanto era uma criança. Depois de anotar, reflita sobre o que SEUS PAIS gostariam que você fosse quando crescesse. E, por último, anote o que você faz hoje.

_____

_____

_____

_____

_____

_____

_____

_____

_____

_____

As respostas divergiram muito? Será que esse exercício trouxe um estranhamento, uma sensação de dever NÃO cumprido?

Está tudo bem, tendo você 15 ou 80 anos, para tudo há um jeito, e você vai acreditar nisso logo mais à frente.

A manada: o efeito do coletivo automático

O ser humano quer ser amado, aceito, visto e respeitado. Acredito que um dos maiores medos que enfrentamos durante toda a vida é o de sermos julgados, criticados. Para alguns, esse medo pode ser até maior que o medo da morte. E não existe jeito melhor de enfrentar esse medo que o de repetir o que todo mundo faz, não é mesmo? Pois muito pelo contrário. É aqui que entra o "efeito manada" da sociedade, que faz a maioria das pessoas se desviar de seus propósitos de vida.

Se olharmos para trás, vamos perceber que durante muito tempo vivemos repetindo padrões. Padrões impostos em algum momento de nossa existência. Padrões que a sociedade julga como corretos.

Posso citar vários exemplos:

"Você tem de crescer, estudar, trabalhar, casar, ter filhos."

"Se quiser ser alguém na vida, faça uma faculdade."

"Assim que terminar o ensino médio, inscreva-se imediatamente em algum curso. Pode ser qualquer um; você precisa de um diploma."

"Casamento é para a vida inteira. É pecado separar... (*Este eu acho especialmente prejudicial.*)"

Provavelmente você já ouviu muitos desses palpites. Se não aconteceu com você, seus pais já ouviram, ou então seus parentes, amigos, conhecidos...

O grande problema nessas situações é justamente o medo que temos de falhar. Um medo tão poderoso que nos faz seguir "caminhos já percorridos" por outras pessoas, pois assim fica mais fácil saber o que encontraremos pela frente. É triste ver quantas pessoas com dons incríveis estão totalmente desconectadas de seu propósito de vida apenas por medo de se mostrar ao mundo, por medo de falhar.

O "efeito manada" é destrutivo a longo prazo. Não externamente, mas internamente. É aquele efeito que faz seu brilho e sua satisfação se esvaírem aos poucos. Às vezes tão lentamente que nem mesmo você consegue identificar o que está ocorrendo em sua vida.

Vamos para mais um exercício?

Quero que você pare, reflita e escreva quais comportamentos "automáticos" você praticou em sua vida, sem saber por que estava fazendo aquilo.

_____

_____

_____

Conseguiu? Pense mais um pouco. Com certeza, em algum momento da sua infância você se apegou a crenças que permaneceram na sua vida.

Agora quero que escreva quais atitudes ou questionamentos você pode usar para afastar essas crenças que o prejudicam.

_____

_____

_____

_____

_____

_____

_____

_____

_____

_____

Até que a morte nos separe, amém: o invisível por trás das juras de amor

Os casais apaixonados acreditam que vão ficar juntos para sempre. Quando estamos nesse estado, o mundo parece girar ao nosso redor.

Eu, como bom canceriano, sempre me emociono em festas de casamento, mas, como bom questionador, tenho uma opinião sobre as juras que as pessoas fazem no altar.

Paulinho, mas o que os votos de casamento têm a ver com o propósito de vida?

Eu explico.

Resolvi abordar esse assunto porque os problemas no casamento fazem muitas pessoas, em sua maioria mulheres, me procurarem.

Já atendi diversos clientes que mantêm casamentos infelizes e tóxicos movidos apenas pela crença de que é pecado se separar ou se divorciar.

Eu me lembro em especial de uma mulher que havia decidido sair do Brasil após terminar um casamento abusivo com um agressor que a proibia de trabalhar, além de ser possessivo e agressivo. No momento em que ela decidiu se separar, foi expulsa da igreja que frequentava por ter violado uma das "leis" da comunidade, afinal ela deveria "lutar" pela família, pelo "relacionamento".

Para piorar a situação, ela acabou sendo rejeitada pela própria família, que resolveu ficar do lado do marido tóxico. Nesse momento, deixou de fazer sentido para ela estar em um lugar em que não era aprovada por ninguém. Por isso, ela resolveu mudar de ares, literalmente.

Por trás da expressão "até que a morte nos separe" existe uma infinidade de "letras miúdas" que devemos avaliar.

A ideia de que "temos que lutar pela família" só deve ser colocada em prática quando se tratar de uma crise breve — por exemplo, o fato de a relação ter "caído na rotina", alguma divergência de opinião, ou questões ligadas ao casal ou aos filhos.

Por outro lado, agressão, possessividade, falta de respeito, relacionamentos abusivos ou tóxicos são fatores que exigem uma revisão urgente da permanência em um relacionamento. Busque ajuda.

O relacionamento precisa ser interrompido a partir do momento em que o respeito deixa de existir. Reflita e anote as circunstâncias em seus relacionamentos que possam identificar comportamentos abusivos ou tóxicos.

_____

_____

_____

_____

_____

_____

_____

A era do inconformismo:
o ponto de partida para uma mudança coletiva

Totalmente contrária ao "efeito manada", a geração Z vem ocupando seu espaço e isso me traz um forte sentimento de esperança.

A geração Z é formada por aqueles que nasceram entre os anos 1995 e 2010.

Ser inconformado significa não aceitar condições incômodas ou desfavoráveis. É não aceitar algo em nossa vida sem questionar.

Os membros dessa geração nasceram no auge do desenvolvimento da tecnologia, quando o acesso à informação se tornou mais amplo. Profissões novas começaram a surgir, novas maneiras de empreender, de enxergar o mundo, de realizar tarefas que antes nem mesmo existiam. Aplicativos de otimização do tempo, consultores de carreira, finanças e até de relacionamentos.

Com essa evolução, percebemos um horizonte se ampliando bem diante dos nossos olhos. E começaram a vir os questionamentos:

- Por que tenho que ser médico se acabei de descobrir que o que amo fazer é música?
- Percebi que quero ser designer de interiores e trabalhar minha criatividade. Não quero ser engenheiro civil.

Estar inconformado nem sempre é ruim. Às vezes isso se torna um convite a se abrir para o novo, se permitir ver o mundo de outra forma, mais agradável. É olhar para além das montanhas.

O inconformismo é a ponte entre o "efeito manada" e o que você sempre quis fazer.

Prestou atenção nessa ideia? Então pare, pense e escreva sobre uma coisa que o deixa inconformado atualmente. Depois de identificar o que é, escreva como poderia tomar um caminho diferente.

Exemplo: *Eu me sinto inconformado com o fato de ser pouco valorizado como professor de inglês na escola em que trabalho.*

Disso poderia surgir a ideia para uma solução: *E se eu pudesse ensinar como autônomo? E se eu abrisse o meu curso de inglês? E se eu começasse a dar aulas em grupo na internet? Como e onde posso encontrar mais alunos? Vou correr atrás disso.*

Agora é sua vez.

_____

_____

_____

Somos nós que escolhemos nossos pais: exatamente quem e como são

Eu já senti na pele e sei que muitas pessoas já viveram questionamentos como: *Por que Deus escolheu esses dois seres humanos para serem meus pais? Por que sou tão diferente deles? Por que tenho que enfrentar tantos desafios? Por quê, por quê, por quê?*

Uma mãe amorosa e de bom coração, porém com vício em drogas e álcool; um pai cuidadoso, muito trabalhador, mas com dificuldade em demonstrar afeto. Eu sempre me perguntava por que Deus escolheu esses dois para serem meus pais. O tom da pergunta não era de desgosto ou tristeza, mas de curiosidade mesmo.

Ninguém cruza nossa vida por acaso. Seja aquela pessoa com quem você esbarra na rua, o amigo de infância, aquele relacionamento afetivo breve, seu casamento ou, principalmente, seus pais e sua família.

Passamos por aprendizados diários. Alguns tão sutis que nem os percebemos como desafios, mas, sim, eles são. Às vezes vem na forma de um bom-dia animado que você ouve justamente naquela manhã em que acordou de mau humor. Não será um recado do Universo na tentativa de fazer sua energia mudar? Perguntar para um senhor em situação de rua como ele está — já parou para pensar que isso pode mudar o dia dele?

A relação com nossos pais também envolve aprendizado. Todos viemos preparados inconscientemente para viver a vida que vivemos.

Com minha mãe consegui entender o que eu queria ou não para minha vida. Percebi como foi bom ter recebido todo aquele amor e cuidado, mesmo em meio aos desafios dela, seus vícios e aprendizados de vida. Mas também entendi que, quando temos um problema ou nos deparamos com um grande obstáculo, devemos buscar ajuda, antes que seja tarde demais.

Da convivência com meu pai, entendi como trabalhar é bom. Descobri o carinho e o amor sendo expressos por meio de gestos de cuidado, de zelo. Mas também entendi que precisamos expressar em vida nosso amor por aqueles que mais amamos, e que às vezes precisamos de ajuda para isso. E pedir ajuda não é um problema.

Reflita e escreva sobre o que você pode ter aprendido com seus pais, em sua jornada de vida. Não importa se são pais biológicos, adotivos ou outras pessoas que cuidaram de você durante sua formação.

_____

_____

_____

_____

_____

_____

_____

Neste outro espaço, você vai fazer uma coisa parecida: pense em até três pessoas que passaram pela sua vida, brevemente ou por um longo período, e que lhe deixaram algum aprendizado ou lição.

_____

_____

_____

_____

_____

O amanhã: a idealização de um momento que não existe

Quantas vezes você começou o dia já ansioso pelo fim do expediente?

Quantas vezes inicia a semana já esperando a sexta-feira?

Quantas vezes coloca toda a expectativa de ser feliz em datas, salários, momentos ideais, metas?

É como se fôssemos nos alimentando de migalhas, que ilusoriamente saciam nossa fome. *Ilusoriamente*.

A felicidade é algo que acontece agora. Ela está presente nas menores coisas do nosso cotidiano, e não somente quanto atingimos um objetivo. Se não soubermos aproveitar o aqui e o agora, sempre vamos ansiar pela felicidade, mas uma felicidade que não nos alimenta, já que ainda não existe.

Lembro que, durante uma conversa com uma cliente, fechei os olhos e uma frase veio nítida à minha mente, como se eu estivesse relembrando a chave do aqui e do agora: *Estamos sempre esperando uma boa oportunidade para mudar, mas precisamos mudar para a boa oportunidade chegar.*

A definição de metas é essencial para atingirmos objetivos, mas não coloque sua expectativa apenas no momento de alcançar essas metas. Lembre-se: cada passo, cada desafio, precisa ser aproveitado por inteiro. Lembre-se do GPS: para chegar aonde se deseja, às vezes é preciso passar por caminhos cheios de obstáculos, mas acredite que esses caminhos o levarão até seu destino.

O amanhã não existe, mas o agora está bem aqui. A vida é um sopro, e nem sabemos se estaremos vivos nos próximos cinco minutos.

Olhe pela janela, sinta o sol e o vento, sinta e viva o medo. Se você está sentindo, é porque está vivo, e se está vivo, TUDO pode mudar!

Lembra-se daquele treinamento que eu fiz, quando tive a oportunidade de simular minha morte? Foi quando aprendi de uma vez por todas: ESTOU VIVO E SOU GRATO PELA VIDA, PELO AQUI E PELO AGORA!

Agora, pare, reflita e escreva: se descobrisse que só tem mais um dia de vida, o que você faria? Quantas conversas deixadas para trás, pendências pessoais mal resolvidas, perdões nunca dados, abraços nunca trocados você se lembraria de colocar em dia?

Respire fundo e anote o que veio à sua mente.

_____

_____

_____

_____

Crenças limitantes: as correntes que nos prendem ao chão

Com os conceitos de "efeito manada", "até que a morte nos separe", a escolha dos nossos pais e de felicidade adiada, as crenças limitantes são verdadeiras correntes que nos prendem ao chão e nos imobilizam.

Gosto sempre de dar um exemplo para facilitar o entendimento. As ferramentas de busca de informações na internet, como o Google, nos trazem, em questão de segundos, infinitos resultados sobre determinados assuntos, certo? Mas de que adianta termos tantos aprendizados à disposição se não conseguimos colocá-los em prática?

Durante muito tempo tive uma crença limitante quanto ao dinheiro. Eu via meus pais com muitas dívidas, sempre pegando empréstimos. E então, caindo na armadilha do *amanhã*, eu pensava: *No dia em que eu prosperar financeiramente, não vou fazer dívidas e vou guardar dinheiro*. Obviamente isso não aconteceu. Eu tinha tantas crenças relacionadas ao dinheiro que achava normal atrasar contas, pegar empréstimos no banco, usar desenfreadamente o cartão de crédito. Lembro que deixei acumular 45 mil reais de despesas no cartão de crédito. Ninguém em minha volta entendia como eu conseguia chegar a esse ponto.

Eu até procurava cursos sobre finanças pessoais, dicas e tutoriais na internet, mas só quando admiti que deveria fazer as pazes com meu passado e entendi que não sou meu pai nem minha mãe foi que consegui me conscientizar do que estava fazendo comigo mesmo.

Muitas crenças que você carrega hoje foram herdadas de seus pais ou tutores, mas nem pense em culpá-los: eles herdaram essas crenças de seus avós; seus avós herdaram de seus bisavós; seus bisavós de seus tataravós, e por aí vai.

Enquanto não rompermos esse ciclo a história vai se repetir, geração após geração. Se você está com este livro em mãos, chegou a hora de acabar com essas crenças, uma a uma!

Agora pare, reflita e escreva duas crenças limitantes que você sente que herdou de seus pais. Podem ser até mesmo coisas simples que de alguma forma tenham impactado sua vida. Depois de se conscientizar delas, o que você pode fazer para mudá-las? Chegou a sua vez!

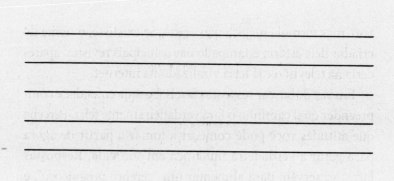

Autorresponsabilidade: reconhecendo suas escolhas de vida

Em algumas batalhas contra o medo, preferimos colocar nosso destino nas mãos de outras pessoas, em vez de reconhecermos nosso caminho.

É muito comum eu ouvir pedidos como estes:

- "Paulinho, me diga qual é o meu número da sorte."
- "Que letra devo usar no meu nome para abrir caminhos?"
- "Me fale um número para enriquecer."
- "Qual sequência numérica atrai mais clientes?"
- "Qual o melhor número para usar na minha casa e ser mais feliz?"
- "Como posso ganhar dinheiro rápido?"

Reparou que todas essas perguntas querem a fórmula mágica do sucesso? Todas elas colocam outra pessoa na posição de "salvadora e solucionadora de problemas". Sinto muito dizer isso, mas fórmula mágica não existe. Se existisse, o nome do criador dela estaria estampado nas principais revistas, apareceria na televisão e já teria viralizado na internet.

Em vez de buscar respostas fáceis, busque entender e compreender qual caminho o fará verdadeiramente feliz. Perceba que atitudes você pode começar a tomar a partir de agora para gerar a verdadeira mudança em sua vida. Respostas fáceis só servem para alimentar um "cérebro preguiçoso", e sabemos que nosso cérebro é o melhor, mais complexo e mais completo computador que existe na natureza. Não utilize uma parte mínima da sua capacidade, pois ela é gigantesca. Abra sua mente e expanda seus horizontes.

A culpa é um sentimento venenoso que nos martiriza. Reconhecer sua autorresponsabilidade traz maturidade, reconhecimento, aprendizado e evolução. Afinal, nesta jornada de vida temos uma única missão: evoluir como espíritos e como seres humanos.

Agora pare, reflita e escreva sobre algum momento em que você responsabilizou outra pessoa por algo que deveria ter sido resolvido por você. Este é o momento de mostrar que aprendeu o conceito de autorresponsabilidade.

_____

_____

_____

_____

_____

Dinheiro + propósito de vida + prosperidade: a equação perfeita

Esses são os três elementos de uma equação perfeita que chamo carinhosamente de equação DPP, caso estejam em sintonia. Infelizmente, muitas vezes não estão. Quero refletir a seguir sobre cada um deles.

Dinheiro

Falar sobre dinheiro é simples, mas às vezes se torna tão complexo que preferimos estabelecer uma crença limitante sobre o assunto. Quantas vezes você quantificou o que é ser bem-sucedido financeiramente? Será que é ter 100 mil reais investidos? Ou quem sabe ganhar 20 mil por mês? Não, não e não.

A verdade é que não existe uma fórmula ou um resultado certo. Depende unicamente da vida que você deseja. Talvez tudo o que você busque seja uma casinha simples, à beira-mar, em meio à natureza, e nada mais. Pode ser que sonhe em ter condições de viajar pelo mundo e conhecer diversas culturas, o que vai demandar mais dinheiro.

Percebe como isso é relativo?

Propósito de vida

De uma forma bem simples, gosto de dizer que propósito de vida é o que faz você acordar motivado toda manhã, com a consciência de estar deixando sua marca nesta existência. Talvez seu propósito seja morar naquela casinha perto do mar, vendendo artesanato na praia; para outros, o propósito de vida estará em levar conhecimento para a sociedade, ministrando cursos, palestras, viajando mundo afora. Seja qual for a sua condição, uma pessoa conectada com seu propósito de vida sente prazer genuíno em viver.

Prosperidade

Ser próspero não tem a ver com riqueza material: é mais do que isso. Aqueles que ficam cegos por dinheiro muitas vezes desconhecem a prosperidade. Se prosperidade e riqueza fossem sinônimos, poderíamos concluir que todos os ricos são felizes, e é aí que está a grande diferença. Ter prosperidade é sentir que tudo o que você realiza faz sentido e está conectado com seus valores; é sentir que cada passo vale a pena. Felicidade é um estado de espírito.

* * *

Agora posso dizer que essas são as três principais peças do GPS da sua vida. Elas são e serão sempre fundamentais para nutrir a felicidade em seu caminho.

Quando parar para refletir sobre sua missão aqui na Terra, pergunte-se: *Essa equação se encaixa no que desejo?*

Pare, reflita e escreva sobre seus desejos mais profundos. O que o faz feliz? De quanto você precisa para ser feliz? Como isso está conectado com seus valores pessoais?

_____

_____

_____

_____

_____

_____

_____

_____

CAPÍTULO 6

PEQUENAS ATITUDES, GRANDES TRANSFORMAÇÕES

O famoso trabalho de formiguinha

Nunca esqueça que tudo o que hoje é grande um da começou pequeno. As belas e gigantescas pirâmides do Egito começaram a ser construídas com apenas um bloco de pedra; a Torre Eiffel, na França, com seus 300 metros de altura, partiu de um único pedaço de ferro.

Cuidado ao se comparar com o outro em termos de crescimento e sucesso, pois isso o desviará do foco do seu propósito de vida.

Não queira começar grande. Acalme o ego e confie no processo. É nas pequenas atitudes que acontecem as grandes transformações. Evite comparações e não meça seu fôlego pelo pulmão dos outros, pois cada um possui uma história de vida, com dores e vivências individuais.

Pense em uma escada. Para chegar ao topo, é sempre arriscado tentar pular e subir vários degraus de uma só vez.

A chance de cair é grande. Dê tempo ao tempo, confie mais uma vez no processo e suba degrau por degrau.

A cada passo da evolução, você provavelmente passará por lições, aprendizados e situações que o farão crescer, evoluir e amadurecer, então viva essas etapas.

Tenha orgulho de seu processo. Ele é único.

Um quebra-cabeça é composto de várias peças pequenas, mas que juntas formam uma linda imagem. Pense na sua vida exatamente assim. Pense que os dias, meses e anos são peças do quebra-cabeça. Talvez fora de contexto, solitárias, não façam muito sentido, mas, quando encaixadas nas outras, é possível ver toda a imagem disso que chamamos de VIDA!

Agora pare, reflita e escreva sobre pequenas atitudes que você já tomou e que geraram grandes transformações. Desde pequenos hábitos criados até iniciativas tomadas. Caso não lembre alguma, pense em uma pequena atitude que você pode tomar a partir de agora, mas que, se praticada com constância, vai gerar uma grande transformação em sua vida. Abra seu coração e escreva:

_____

_____

_____

_____

_____

_____

Procrastinação: o parcelamento da vida

É estranhamente engraçado eu querer falar sobre procrastinação — logo eu, que durante muito tempo fui um mestre no assunto e ainda me pego procrastinando em muitas situações. Mas não me cobro, e sabe por quê? Não existe um ser humano que nunca tenha procrastinado. Se você por acaso conhece algum, por favor, me apresente.

Este livro estava escrito na minha mente, palavra por palavra, letra por letra, dois anos antes de ser lançado.

Eu me orgulho de dizer isso? Ah, não! Mas não me puno, afinal estou em constante aprendizado (tenho falado sobre isso ao longo de todo o livro).

Gosto de dizer que a procrastinação é um parcelamento da vida, seja de momentos bons ou ruins.

Eu tinha total consciência de que este livro seria uma das minhas maiores realizações profissionais, mas algo me fazia querer parcelar a sensação de felicidade ao terminá-lo, como se fosse uma espécie de "medo". Identifiquei esse padrão logo que me sentei, fechei os olhos, orei e comecei a escrever. Mas as palavras começaram a fluir, entrei em estado de transe e simplesmente deixei meus dedos me guiarem.

Algumas pessoas passam anos em um relacionamento ruim e têm medo de terminar. Muitas vezes ouvi: *É que te-*

nho medo de sofrer! Mas espera aí: você já não está sofrendo? Sim, só que em parcelas.

Procrastinar é adiar a conclusão de ciclos, sejam eles de início ou fim.

Vamos fazer um exercício? Quero sua dedicação, foco e disciplina agora, afinal estamos falando da sua vida!

Faça uma lista de no máximo dez coisas que você tem procrastinado nos últimos tempos.

Depois, analise sua lista com calma e pense em uma solução para cada item que está sendo procrastinado. É realmente importante e essencial cumprir cada um deles? Organize tudo por ordem de prioridade. Estipule um prazo, com data e hora para realizar cada um.

Desta vez vou fazer algo diferente: se tiver dificuldade, pule este exercício, leia a próxima seção e volte aqui depois. Talvez as coisas fiquem mais evidentes e tudo faça mais sentido.

Correria: falta de prioridade e má gestão do tempo

"Desculpe minha ausência. As coisas estão tão corridas ultimamente!"

"Faz meses que penso em ligar para aquela amiga querida! Mas ando correndo tanto que acabo esquecendo."

"Estou na maior correria, nem tive tempo de meditar hoje."

"Queria tanto fazer exercício físico, mas a correria não deixa."

Provavelmente você já usou algumas dessas desculpas em sua vida. Sei que eu já utilizei todas. Mas me perdoo por todas elas, afinal hoje sou mais consciente. Toda vez que me vejo falando a palavra "correria" no modo automático, me pergunto: *Isso não era prioridade para mim? Ou será que preciso organizar melhor minha rotina?*

Sério mesmo que não tenho três minutos para perguntar se aquela pessoa com quem me importo está bem?

Será que não consigo alguns minutos para fazer um exercício físico, mesmo que em casa? Ou não é minha prioridade no momento?

Muitas vezes a procrastinação nasce da falta de prioridade que damos às coisas que queremos. Não sabemos administrar o tempo. Aliás, refletindo sobre a última seção, perceba se a procrastinação não é o resultado de algo que não é prioridade para você.

Muitos problemas seriam resolvidos facilmente se soubéssemos fazer uma boa gestão do tempo.

Um caderno e uma caneta são suficientes para você montar sua rotina diária. Garanto que colocar tudo no papel (ou digitar no computador, ou então em um aplicativo do celular) vai fazer toda a diferença.

Chegou a hora do pare, reflita e escreva. Quero que você monte como seria sua rotina diária ideal. Horário do exercício físico, da leitura, do estudo, do trabalho. Coloque tudo bem organizado, em ordem de prioridade, calculando o tempo necessário para cada atividade, e se prepare para ver a transformação dia após dia. Quando essa rotina se tornar um hábito, vai ser tão natural que entrará no modo automático.

_____

_____

_____

_____

_____

_____

_____

_____

A teoria do labirinto: o observador, o observado e o fim da síndrome do impostor

Foi essa a teoria que mais me ajudou a evoluir e aprender em minha jornada de vida. Ela consiste em aprender a se colocar como observador e como observado em diversas situações, para saber o que fazer e como reagir em cada uma delas. Uma verdadeira autoterapia.

Vamos imaginar um enorme labirinto a céu aberto, com grandes paredes de 3 metros de altura, mas sem teto, tornando possível apreciar o dia ensolarado. As paredes feitas de concreto puro. Você, de olhos vendados, é colocado no centro desse labirinto. Nesse momento, a venda é retirada e você inicia uma corrida para encontrar a saída. Um tanto angustiante, concorda? Você andaria para todos os lados e daria de cara com paredes de concreto o tempo todo.

Se por acaso eu estivesse em uma torre de observação no centro desse labirinto, enxergando você de cima, eu poderia guiá-lo até a saída. Olhando de cima, eu saberia exatamente o caminho até a saída. Tudo ficaria mais fácil.

Agora vamos pensar no contrário disso. Eu sou vendado e colocado no mesmo labirinto, no centro. Quando minha venda é retirada, eu vejo paredes altas de concreto. Seria minha vez de tentar encontrar a saída, minha vez de dar de cara com paredes e mais paredes de concreto. E se você estivesse na torre de observação, me enxergando no meio do labirinto? Talvez você pudesse me guiar, já que estaria vendo o labirinto de cima.

Pois é, o labirinto representa nossos problemas. O observador é quem está vendo de cima, e o observado é quem vive o problema ou a situação em si.

No momento em que estou sentado em meu escritório, pronto para atender, estou ocupando o lugar de observador, em uma torre alta. Eu me coloco na posição de analisar cada problema e ajudar da melhor forma. Sempre tenho as palavras e direcionamentos certos para cada cliente, pois consigo enxergar o problema de cima.

Porém, quando vivo um problema em minha vida, me torno o observado, aquele que está dentro do labirinto, precisando de um norte. É nesse momento que eu busco apoio, pois preciso de ajuda. Até mesmo um conselho ou direcionamento que já dei precisará ser dado para mim por outra pessoa. Ou seria preciso no mínimo que um conselho dito por mim voltasse à minha consciência.

Conclusão: não se considere um impostor por ter dado conselhos que muitas vezes você mesmo não conseguiu seguir.

Não é uma regra, mas quase sempre o observador é a razão e o observado é a emoção. Quando perdemos o controle por causa da emoção, é preciso que o lado racional tome conta por uns instantes, para nos guiar pelo caminho certo.

Outro exemplo, talvez o mais comum, que confirma essa minha teoria é o que ocorre em muitos relacionamentos tóxicos. Um amigo ou amiga relata que está apaixonado por alguém e não é correspondido, mas deseja continuar insistindo. Provavelmente sua opinião será: *Essa pessoa não é para você. Logo vai aparecer a pessoa certa. Confie no fluxo da vida.*

Não é mais ou menos isso que dizemos? No entanto, tenho quase certeza de que você já passou pela mesma situação alguma vez na vida e quem sabe esse mesmo amigo ou amiga já o aconselhou da mesma forma. Isso não o torna um impostor; a questão é que você agora é o personagem do outro lado da história.

Toda vez que pedi, nas seções anteriores, que você parasse, refletisse e escrevesse, foi com um intuito especial: quero agora que você volte a todas as anotações que fez para enxergar as situações que relatou, agora no lugar de observador. Como aconselharia alguém que estivesse confidenciando os mesmos percalços que você viveu?

Aliás, caso não tenha feito o exercício sobre procrastinação, esta é a hora de voltar lá e eliminar essa pendência.

Ajudar alguém a se sentir melhor não é papel exclusivo dos terapeutas. Essa função pode ser exercida por todos nós, como seres humanos que somos. Ah, e lembre-se de que às vezes um abraço diz muito mais do que as palavras. Sinta seu coração.

Simplesmente acolha. Reconheça seus valores e o seu papel no mundo. Você veio para transformar e ser transformado, independentemente daquilo com que trabalha e do que escolheu como propósito de vida.

Você é o motorista da sua vida, e agora vai retomar o controle.

Não esqueça que o GPS está à sua disposição. Use-o sempre.

PARTE 3
ESPIRITUALIDADE

PARTE 3

ESPIRITUALIDADE

Ela é tão simples, mas as pessoas complicam

O que é invisível aos nossos olhos é visível ao coração.

O invisível ao toque dos dedos é visível para a nossa intuição.

Gosto de definir a espiritualidade assim.

Além do corpo físico, temos um corpo energético, aquele que sustenta e nutre o restante de nós. Quando falamos em espiritualidade, muitas vezes a palavra "religião" nos vem à mente, pois crescemos numa sociedade em que essa responsabilidade acabou sendo vinculada a alguma religião ou crença, mas, acredite, vai muito além disso.

Comida e água são o alimento do nosso corpo, o que nos mantém hidratados, nutridos, de pé. Por sua vez, a espiritualidade é o alimento da alma. Ela não pode ficar reservada a momentos ou fatos isolados.

Se você acorda e toma café da manhã, quando chegar a hora do almoço vai sentir fome novamente e fazer a próxima refeição. Com a espiritualidade funciona da mesma forma. Ela precisa ser nutrida a cada dia, como acontece com o seu corpo.

CAPÍTULO 7

COMO VOCÊ VIVE A ESPIRITUALIDADE?

Gosto de dividir a prática da espiritualidade entre dois grupos de pessoas: as que adoram uma rotina e as que não se encaixam em um padrão repetitivo. Ambos os grupos têm suas razões de ser, e cada um tem um jeito de praticar a espiritualidade. O segredo é a disciplina e a constância.

Para o primeiro grupo, talvez o melhor seja acordar e se conectar a suas crenças, fechar os olhos sempre no mesmo horário e se concentrar em suas orações, pedidos e agradecimentos. Dia após dia, sem falta.

Já para o segundo grupo, talvez a melhor opção seja variar entre as práticas espirituais: meditação, afirmações positivas, músicas motivacionais, fazer o bem...

Crescemos numa sociedade em que muitas vezes uma religião é imposta a nós antes mesmo de termos condições de escolher. Você se vê simplesmente obedecendo às regras e, depois de analisá-las, percebe que não fazem sentido para você.

Desde pequeno sempre fui muito questionador, o que é diferente de ser um tumultuador. Eu só queria entender o porquê de muitas coisas. Não entendia, por exemplo, o motivo de muitas pessoas frequentarem a igreja quase todos os dias, mas praticarem tudo ao contrário.

De que adianta falar tanto em Deus e julgar os outros?

De que adianta falar tanto em Deus e segregar determinados indivíduos na sociedade?

É esse tipo de questionamento que eu faço desde criança. Muitas vezes isso me afastou da minha essência, e até de Deus, por pensar que Ele é o Deus da punição, dos castigos. Muitas vezes pensei que deveria ter medo dele, mas não tenho medo algum.

Há pessoas que confundem não ter medo com não ter respeito. Eu não tenho medo de Deus, mas tenho muito respeito por Ele.

Se você tem medo de algo, vai querer estar próximo daquilo? Pois é disso que estou falando.

É comum lembrarmos de buscar conexão com Deus só nos momentos de dor e desespero. São momentos em que estamos desnutridos e desidratados espiritualmente, precisando urgentemente ser alimentados. E se, em vez disso, mantivéssemos uma dieta equilibrada, para não haver esses picos de desespero?

Aprendi essa lição na prática. Eu me conectava e desconectava da minha espiritualidade diversas vezes, sem constância. Num dos meus momentos de desespero, me encontrei com Deus. Logo após essa experiência, escrevi o seguinte texto:

Um senhor velhinho de barba branca, uma mulher preta, uma energia invisível, onipresente e onipotente, força criadora, entre milhares de formas e nomes que damos ao redor do mundo, eu já me encontrei com Deus.

Eu me encontrei com Deus quando, diante de minha dor, chamei por seu nome.

Eu me encontrei com Deus quando percebi a força da minha fé.

Eu me encontrei com Deus quando O permiti atuar em minha vida.

O estômago apertou, a ponta dos dedos começou a adormecer e senti como se algo estivesse correndo pelas minhas veias.

Eu pedi apenas um sinal de presença e recebi mais que isso.

Naquele momento senti a dualidade do bem contra o mal, bem na minha frente.

Naquele momento senti o amor tomando conta de todo o ambiente.

Naquele momento senti paz.

Naquele momento restaurei minha fé.

Fé que me faz continuar sempre de pé;

Fé que me ergue a cada tropeço;

Fé que, a partir de agora, será alimentada todos os dias, pois ela move montanhas e a minha escalada está apenas começando.

Deus existe. Ele está dentro de você.

Deixe que a fé conduza o seu caminho.

Você nunca estará sozinho.

Terminei de escrever o texto com uma sensação de completude que nunca havia experimentado antes. A partir daquele momento, não há um dia em que eu passe sem me conectar com essa força maior que me move.

Agora pare, reflita e escreva: o que é espiritualidade para você? Às vezes pode ser algo simples, uma atitude. Lembre-se de que não existe certo nem errado, e sim o que faz sentido para a sua alma.

CAPÍTULO 8

ESPIRITUALIDADE E RELIGIÃO SÃO A MESMA COISA?

Muitas pessoas têm essa dúvida, mas eu não a tenho mais. Os questionamentos que fiz me deram essa certeza.

Se a espiritualidade é o que nutre nossa alma, a religião pode ser um dos alimentos para quem a segue e se sente bem assim.

Há pessoas que não se encaixam em nenhuma religião específica, e está tudo bem também. Eu mesmo sigo várias coisas que fazem sentido para mim. Admiro o espiritismo, me sinto em sintonia com algumas lições do catolicismo e me encanto com muitos louvores evangélicos. Se você acha que estou errado, aceito ouvir seus motivos.

Deus não está preocupado com o meio ou grupo que você utiliza para se aproximar dele. Ele espera por você do mesmo jeito.

Quando uso a expressão "espiritualidade sem religião", é justamente para me referir àqueles que não se encaixam em uma religião específica — e eu me incluo nesse grupo.

Lembre-se: nesse assunto não existe certo ou errado. Basta escolher a melhor forma de nutrir sua alma.

Agora pare, reflita e escreva: de que maneiras você se conecta com sua espiritualidade?

_____

_____

_____

_____

_____

_____

_____

_____

_____

_____

_____

_____

_____

_____

CAPÍTULO 9

MEIOS DE PRATICAR A ESPIRITUALIDADE: DESCUBRA OS ALIMENTOS DA SUA ALMA

Falamos há pouco sobre as diversas maneiras de nos conectarmos com o invisível que nos nutre, nos acalma, nos protege e nos acolhe. A seguir, estão algumas formas de enriquecer seu alimento diário, muitas delas praticadas por mim:

- meditação;
- afirmações positivas;
- exercícios físicos;
- novos hábitos saudáveis;
- sono;
- aromas;
- música;
- oração;
- leitura;
- ferramentas de autoconhecimento.

Meditação

Quantas vezes ouvimos que "meditação é o ato de esvaziar a mente", "ficar sem pensar em nada", "se acalmar"? Só o fato de muitos acreditarem nisso já os afasta dessa prática tão enriquecedora.

Não sou especialista no assunto — aliás, estou muito longe disso —, mas gosto de dizer que a meditação é aquele momento em que me dedico a fechar os olhos para o mundo de fora e abrir os olhos para o mundo de dentro, sem cobranças, sem julgamentos nem preocupações.

Procure pela expressão "meditação guiada" em alguma plataforma de streaming de música e você terá acesso instantâneo a uma infinidade de mentores conduzindo sua prática por meio de orientações simples. Não se cobre caso seu pensamento se desvie; volte a se concentrar na voz que está ouvindo e nas instruções dadas.

Afirmações positivas (faladas e escritas)

Um dos modos mais eficientes de se conectar com a espiritualidade, na minha opinião, são as afirmações positivas. Acredito na força do pensamento, dos desejos e das realizações, mas não do jeito fácil que muitas pessoas imaginam. Pegue um caderno somente para essa prática. Todos os dias, escreva afirmações sobre aquilo que você deseja e em que acredita. Escreva pelo que você é grato. Por exemplo:

> Desejo atingir o máximo de pessoas com a minha mensagem sobre propósito de vida, por meio do meu livro.

Agradeço por ter recebido a oportunidade de publicar meu primeiro livro.

Eu desejo e vou lançar outros livros.

Que o Universo e Deus me guiem para me manter no meu propósito de vida.

Que eu seja cercado de pessoas bem-intencionadas, que agreguem à minha vida e ao meu propósito.

Que eu tenha saúde.

Que eu tenha fé.

Que eu tenha disciplina.

Que eu tenha foco.

Obrigado, mãe, pela oportunidade da vida.

Obrigado, pai, pela oportunidade da vida.

Obrigado, Deus, pela oportunidade da minha existência, e obrigado por nunca ter me abandonado.

Que fiquem registradas aqui, de maneira permanente, minhas afirmações do dia de hoje. Literalmente do dia de hoje, amém.

Exercícios físicos

Muito além da estética, seja qual for o seu biotipo, o exercício físico é a manutenção do corpo físico. Como você tem cuidado do seu templo? Como tem cuidado da sua saúde?

Poucos minutos de atividade física por dia são suficientes para liberar endorfina, conhecida como o hormônio da felicidade. Você se sente mais vivo do que nunca. Sente o sangue correndo nas veias.

Para isso, busque direcionamento e peça ajuda a profissionais especializados na área de educação física.

Quanto a mim, me sinto vivo quando ando de bicicleta, quando faço uma boa caminhada pelo bairro ou quando me arrisco a correr. Busque a atividade física que mais fizer sentido para você e a que mais se encaixar em suas qualidades e limitações.

Novos hábitos saudáveis

Não adianta querer resultados diferentes se você repete as mesmas atitudes. É fundamental mudar alguns hábitos para que possamos amadurecer e evoluir em nossa jornada. A única dica é: escolha um hábito por vez, para que seja consistente. Assim que perceber que adotou de verdade esse novo hábito, parta para o próximo.

Esse exercício também é bom para abandonar velhas práticas prejudiciais, como mexer no celular na cama antes de adormecer.

Sono

Dormir é uma maneira de praticar a espiritualidade? Sim. Dormir é como um recarregador de energia. Você tem dedicado de sete a oito horas por dia ao seu sono? Como tem sido a qualidade dele?

Evite absorver notícias ou informações negativas antes de ir para o quarto. Deixe seu celular longe da cama. De vinte a trinta minutos antes da hora de dormir, deite-se e coloque uma música relaxante. Sinta a tensão abandonando seus músculos.

Aromas

Sentir aromas específicos propicia um momento de forte conexão com seu eu interior. Estou me referindo a óleos essenciais, perfumes e cheiros que façam você acessar memórias boas, lugares, pessoas que lhe fazem bem.

Eu, por exemplo, amo sentir o cheiro da lavanda. Ele me traz uma sensação de paz, calmaria, serenidade. Uso um óleo essencial, fecho os olhos e sinto!

Música

Essa é uma das principais formas de meditação para mim, pois sou movido à música desde criança. Procure canções com letras motivacionais, pois a música é um mantra para nossos ouvidos.

Anos atrás criei uma lista de reprodução no aplicativo Spotify chamada *Emotive-se*. Essa lista contém as músicas que mais ouço e que sempre me fazem bem. A música libera uma energia surreal, capaz de modificar seu humor, seu estado de espírito, seu comportamento. Use e abuse dela.

Oração

Seja qual for sua crença, conecte-se com algo superior, algo em que você acredite. Peça, reflita, agradeça.

A oração é um meio de se conectar com a energia do Criador. Ele sempre está por perto para nos ouvir. Trata-se de uma mistura de afirmações positivas com muita intenção. Tenha intenção e perceba se o que pede realmente faz sentido para você.

Leitura

Ler também é um ótimo caminho para se conectar com a espiritualidade. Adquirir novos conhecimentos significa nutrir a consciência, enxergar com outros pontos de vista.

Arrisco dizer que nada é verdade absoluta e que por isso devemos estudar bastante, absorver o máximo de conteúdo possível, sempre com critério e recorrendo a fontes confiáveis, para que possamos ampliar nossos horizontes de conhecimento.

Ferramentas de autoconhecimento

Por último, mas não menos importante, busque profissionais que auxiliem seu desenvolvimento humano, capazes de promover curas, quebras de crença, que apresentem meios para intensificar sua evolução, sua conexão com algo superior. Pessoas que o direcionem em seu caminho, que o ajudem a cuidar da sua saúde.

Com essa deixa, faremos a penúltima transição do livro. Vamos falar agora sobre o meu propósito de vida, o motivo que me levou a fazer o que faço hoje, que faz com que eu me sinta realizado, motivado, entusiasmado e extremamente feliz: a numerologia pitagórica. Assim como eu pude ter essa possibilidade, quero que você também a tenha. Você está prestes a conhecer uma ferramenta que poderá auxiliá-lo na busca por mais consciência sobre si mesmo. Tendo alcançado mais consciência sobre si, partirá para a ação, deixando de lado aquele medo de "E se der errado?". Quando você aprende mais sobre si mesmo, aprende mais sobre a coragem para dar o primeiro passo — afinal, o desejo de fazer algo que ama se tornará mais ardente.

Ela será um dos grandes guias para auxiliá-lo a descobrir e entender mais sobre seu propósito. A partir do momento em que você se entender melhor, conseguirá, assim como aconteceu comigo, enxergar a vida de forma mais nítida, com mais objetividade e com maior intenção de mudança.

PARTE 4
A NUMEROLOGIA PITAGÓRICA

Introdução à numerologia pitagórica

Para alguns é uma verdade polêmica, mas para mim é uma ideia simples: gosto de afirmar que a numerologia é puramente matemática, e vou provar isso logo mais, com os cálculos que você vai aprender. Antes, porém, quero apresentá-lo à origem dessa técnica milenar tão maravilhosa e instrutiva que temos ao nosso dispor.

A numerologia nada mais é do que uma ferramenta matemática de autoconhecimento, que nos permite entender melhor nosso propósito de vida. Por meio de somas e cálculos baseados em nossa data de nascimento e em nosso nome completo, a partir da nossa certidão de nascimento original, conseguimos compreender nossa personalidade, nossa missão de vida, nossos sonhos, talentos, dons, desafios, momentos marcantes, momentos decisivos, momentos propícios — tudo, ou quase tudo.

Quem apenas ouviu falar no assunto geralmente acredita que:

"Numerologia é aquele negócio de mudar a letra do nome para ter mais dinheiro."

"É alterar o número da casa para ser mais feliz."
"É ter uma assinatura específica para abrir caminhos."

E se eu dissesse que isso tudo que você já ouviu falar sobre numerologia não funciona do jeito que as pessoas imaginam?

A numerologia pitagórica é uma técnica milenar. Acredita-se que tenha sido desenvolvida entre os anos 600 e 500 a.C. pelo filósofo e matemático Pitágoras de Samos.

Pitágoras era um grande observador do ser humano e sempre tentava compreender a relação entre as pessoas e os números.

De acordo com o calendário da época, ele percebeu que pessoas que apresentavam certa semelhança em suas datas de nascimento possuíam características similares entre si.

Essas pessoas tinham personalidades parecidas, qualidades e potenciais semelhantes. Sabendo disso, Pitágoras começou a separar as pessoas por grupos de semelhança. Era como se ele conseguisse destacar suas virtudes, guiando os indivíduos por caminhos em que cada um poderia extrair o melhor de si mesmo.

CAPÍTULO 10

COMECE A PROGRAMAR SEU GPS

Agora vou trazer o relato que fiz sobre a numerologia pitagórica para o nosso mundo atual e mostrar que o processo é até mais simples do que se imagina. Bastam papel e caneta para você começar a programar o GPS da sua vida.

Com esses aprendizados, temos o material necessário para elaborar o nosso mapa numerológico natal.

O mapa numerológico é o acordo que fazemos com a divindade no momento do nosso nascimento, contendo todos os traços do nosso propósito de vida. Imagine esse momento como uma grande impressora, registrando nessa página (em você) diversas informações a seu respeito, como se fosse um manual de instruções.

Pense comigo: um manual de instruções é, na verdade, um guia que explica tudo sobre determinado objeto ou aprendizado, certo? Vamos tomar como exemplo uma TV nova. Quando você compra uma televisão, ela vem acompanhada de um manual de instruções; ele pode estar impresso ou ser disponibilizado na internet, mas, de uma forma ou de outra, sempre existe. Nele, há as informações e direcionamentos para que você aprenda a mexer corretamente em todas as funções e configurações do seu aparelho, tudo nos mínimos detalhes.

Seja muito sincero consigo mesmo. Você conhece alguém que de fato, assim que desembala um produto, antes de utilizá-lo, lê o manual de instruções da primeira à última página? Provavelmente não, e quase com certeza nem mesmo você faz isso. O que geralmente acontece? Usamos a intuição para descobrir como o equipamento funciona. O instinto sempre nos faz encontrar formas de resolver algum problema.

Mas pense comigo: se você lesse todo o manual de instruções de determinado produto antes de utilizá-lo, teria total domínio de suas funcionalidades. Você estaria apto a tirar melhor proveito do seu equipamento.

Agora imagine isso aplicado em sua vida. E se você pudesse ler seu manual de instruções? E se pudesse ter acesso aos seus potenciais mais profundos? Pois seja bem-vindo à numerologia, esse universo maravilhoso, com profundos ensinamentos sobre nós mesmos.

Numerologia, adivinhação ou religião?

Talvez as duas maiores dúvidas que chegam até mim sejam:

"Numerologia é adivinhação?"
"É religião?"

Não, e definitivamente não.

Numerologia é um cálculo matemático que fazemos com base nas vibrações presentes no nosso nome completo, a partir de nossa certidão de nascimento original, e na nossa data real de nascimento, para compreendermos melhor nosso propósito de vida.

É evidente que não se trata de adivinhação ou religião, afinal os instrumentos que usamos são papel, caneta e calculadora (caso prefira), para calcular um mapa numerológico. É uma ferramenta exata de autoconhecimento.

Para aqueles que utilizam a numerologia pitagórica, técnica em que sou especialista, o resultado deve ser sempre o mesmo, seja qual for o profissional consultado.

A numerologia não envolve qualquer tipo de religião, o que significa que não atinge a fé de ninguém. Já atendi todo tipo de cliente, de ateus a evangélicos.

Resumindo, ela apenas oferece um direcionamento para que você entenda melhor o seu propósito de vida.

Mitos e verdades: não existe fórmula mágica!

Um tema um tanto polêmico, mas que julgo extremamente necessário abordar, diz respeito aos mitos que rondam essa ferramenta de autoconhecimento tão incrível ao longo de sua existência.

Muita gente com certeza já ouviu mais sobre esses mitos do que sobre a realidade da técnica.

Boa parte deles envolve uma espécie de "solução rápida": para obter dinheiro, felicidade e amor, você só precisa acrescentar uma letra, mudar um número e está tudo resolvido. Mas não é bem por aí.

Quantas vezes você não ouviu estas "dicas"?

- mude sua assinatura para abrir caminhos.
- se deseja ter sucesso, acrescente essa letra ao seu nome artístico.
- coloque uma letrinha ao lado do número da sua casa para harmonizar o ambiente.
- é só utilizar o número 8 para ter prosperidade financeira.

Quando eu ouvia isso, o primeiro pensamento que me vinha era: *Nossa, que fácil! Porém, se é tão fácil assim, por que o mundo não muda? Por que os profissionais da numerologia que pregam esses discursos não estão milionários, com todos os caminhos abertos?* Justamente por não se tratar de uma solução fácil ou de uma resposta pronta.

Se você busca uma solução rápida, é sinal de que não está preparado para enfrentar todos os aprendizados e se conectar ao seu propósito de vida. Não acredite em respostas imediatas e fórmulas mágicas. Quando se sentir tentado a acreditar, analise a fundo a vida de quem está propagando essa informação e reflita: *Essa pessoa de fato vive o que ela prega?*

CAPÍTULO 11

MAPA NUMEROLÓGICO NATAL

As 14 principais camadas do ser humano

Para compreender com mais facilidade, vamos pensar numa cebola. Ela não é composta por várias camadas? Pois nossa vida é exatamente assim.

O mapa numerológico natal é resultado do acordo inconsciente que fizemos no momento do nosso nascimento. Ele é dividido em 14 camadas de energia, cada uma representando uma parte do nosso comportamento e identificada por um número, com características e questões distintas entre si.

Neste livro vamos aprender as cinco primeiras camadas, que são as principais e regem e dão forma ao seu propósito de vida. Nelas você vai encontrar todas as informações necessárias para compreender quanto está conectado ao seu verdadeiro propósito.

São elas:
1. Essência/Alma.
2. Desejo íntimo/Sonho.

3. Expressão/Dons.
4. Caminho de destino.
5. Desafio maior/Aprendizado maior.

As cinco camadas mais importantes do seu mapa numerológico natal

1. Essência/Alma

Essa camada representa o que você é como pessoa.

Das 14 existentes, essa é a mais profunda, pois é a que simboliza nossa personalidade, nossa motivação e nossa essência. Nela estão contidos os segredos mais inacessíveis da personalidade, que as outras pessoas talvez nem venham a conhecer, por ser algo muito íntimo e individual.

A essência pode ser expressa por frases que se iniciam assim: *Você é...*

2. Desejo íntimo/Sonho

Essa camada representa não o que devemos fazer, mas sim o que gostamos de fazer! É uma espécie de válvula de escape, a qual nos dá mais motivação, leveza e energia. Porém, ela é consequência de um propósito de vida bem realizado.

Quando a camada do caminho de destino está em equilíbrio, essa aqui se desenvolve automaticamente. O grande problema é quando "confundimos" as duas camadas, utilizando o Desejo íntimo/Sonho como o próprio propósito de vida. Se perceber isso, mude de atitude imediatamente e foque em se conectar mais com seu caminho de destino.

O Desejo íntimo/Sonho pode ser representado por frases que se iniciam assim: *Você gosta de...* ou *Você se sente bem ao ser/fazer...*

3. Expressão/Dons

Essa camada representa os modos como você se expressa. A primeira impressão que as pessoas têm sobre você. Nela também estão contidos nossos dons, que muitos acreditam vir de outras vidas.

Das cinco principais camadas de energia, esta é daquelas com as quais uma parte das pessoas não se identifica, e isso ocorre pelo fato de terem perdido um pouco da sua expressão pelo caminho, devido a influências externas, criação, religião, medos, traumas. É importante refletir se isso ocorreu com você para, aos poucos, resgatá-la.

Ela pode ser representada por frases que se iniciam assim: *Você se expressa de forma...* ou *Seus dons são...*

4. Caminho de destino

O Caminho de destino é a principal das 14 camadas existentes em um mapa numerológico. Ela de fato representa o que você veio fazer nesta jornada, por isso se trata, na verdade, da bússola da sua vida. Ela aponta a direção para onde você deve seguir. De nada adianta as outras 13 camadas estarem em equilíbrio se esta não estiver também, já que é ela que aponta o caminho certo.

O Caminho de destino pode ser representado por frases que se iniciam assim: *Você veio para...*

5. Desafio maior/Aprendizado maior

Muitas vezes confundido com castigo ou carma, o Desafio maior definitivamente não é uma mera "pedrinha no sapato". Essa camada colocará aprendizados na sua vida para induzi-lo a crescer mais a cada dia.

Não fuja de seus desafios, encare-os de frente. Quando aprender a dominar seus aprendizados, você terá uma das principais cartas na manga para realizar seu propósito de vida.

Essa camada pode ser representada por frases que se iniciam assim: *Você veio aprender a...*

CAPÍTULO 12

A TABELA PITAGÓRICA

A tabela pitagórica nos informa qual número representa cada letra na numerologia pitagórica. Consideramos os números de 1 a 9, conforme ilustrado a seguir.

1	2	3	4	5	6	7	8	9
A	B	C	D	E	F	G	H	I
J	K	L	M	N	O	P	Q	R
S	T	U	V	W	X	Y	Z	

Dica: Marque esta página. Ela será seu guia para lembrar todas as regras!

Acentos

A numerologia pitagórica não considera nenhum tipo de acento. Então, para letras acentuadas, devemos utilizar a energia apenas da letra em si.

Os números

Na numerologia pitagórica trabalhamos com os números de 1 a 9, 11 e 22. Logo mais você vai ver o significado completo de todos eles, mas, para começar, vamos aprender uma regra sobre os números 11 e 22.

11 e 22

São números mestres da numerologia, os dois únicos números de dois dígitos com os quais trabalhamos. Por isso, serão mantidos, mas apenas quando aparecerem nos resultados *finais* de uma conta. Caso apareçam no meio dela, devem ser reduzidos a um único número:

$$1 + 1 = 2$$
$$2 + 2 = 4$$

O 11 e o 22 são mestres pelo fato de ambos conterem duas energias:

O número 11, além da própria energia, carrega consigo a energia do número 2, justamente porque $1 + 1 = 2$.

O número 22, além da própria energia, carrega consigo a energia do número 4, justamente porque $2 + 2 = 4$.

Em breve vamos ver exemplos práticos que facilitarão o entendimento.

Para não precisar decorar cada número que representa uma letra específica e para ficar fácil lembrar todas as correspondências, observe o "segredo" a seguir:

A – 1	N – 5
B – 2	O – 6
C – 3	P – 7
D – 4	Q – 8
E – 5	R – 9
F – 6	S – 1
G – 7	T – 2
H – 8	U – 3
I – 9	V – 4
J – 1	W – 5
K – 2	X – 6
L – 3	Y – 7
M – 4	Z – 8

Perceba que coloquei o alfabeto inteiro em ordem e em seguida a sequência de números em ordem crescente, de 1 a 9. Depois fui repetindo essa sequência, até a última letra do alfabeto.

A regra do Y
Vogal ou consoante?

Dentro das regras da numerologia pitagórica, a letra Y pode ser tanto considerada consoante quanto vogal na elaboração do cálculo, mas para isso é preciso analisar algumas regras:

- Y no início de um nome: neste caso, você deve prestar atenção à letra que vem *depois* do Y.
    - Quando um nome começar com Y e a letra seguinte for uma *vogal*, o Y será considerado uma consoante. Exemplos: Yasmin, Yara, Yago.
    - Quando um nome começar com Y e a letra seguinte for uma *consoante*, o Y será considerado uma vogal. Exemplos: Yvete, Ycaro, Ygor.

- Y em qualquer outra posição de um nome: nesse caso, você atentará à letra que vem *antes* do Y.
    - Quando a letra que vem antes do Y for uma *vogal*, o Y será considerado uma consoante. Exemplo: Sayuri, Wesley, Sheyla.
    - Quando a letra que vem antes do Y for uma *consoante*, o Y será considerado uma vogal. Exemplo: Cristyne, Amaury, Levy.

- **Mais de um Y no nome:** caso um nome tenha mais de um Y, as regras serão exatamente as mesmas. Exemplos:
  - **Geysy:** nesse caso, o primeiro Y será considerado consoante e o segundo será considerado vogal.
  - **Yarley:** ambos os Ys serão considerados consoantes.

CAPÍTULO 13

APRENDENDO A CALCULAR AS CINCO PRINCIPAIS CAMADAS

Adoro chegar à parte dos cálculos, pois foi exatamente aqui que me apaixonei pelo que faço hoje, no momento em que descobri como é fácil aprendermos a nos conhecer melhor por meio dos números.

Atenção: para calcular as cinco principais camadas, é preciso ter o nome completo, de acordo com a certidão de nascimento *original* e da data real do nascimento, caso tenha nascido em um dia e sido registrado em outro, pois foi ali que nosso propósito de vida foi impresso.

Caso tenha feito uma retificação do nome, seja por casamento, ajuste de passaporte ou novo nome social (no caso de pessoas trans), use o nome antigo para realizar o cálculo.

Trabalharemos apenas com soma e subtração.

1. Cálculo da alma

O cálculo da Alma é a soma das *vogais* do nome completo, mas há uma regra importante que você vai assimilar logo mais.

Devemos consultar a tabela pitagórica para identificar qual número representa as vogais do nome a analisar.

Somaremos separadamente as vogais de cada palavra que compõe o nome completo. Veja um exemplo:

5			5				6		6	9
E	L	L	E	N		G	O	D	O	I

Nesse exemplo, o nome ELLEN GODOI é composto de duas palavras.

Primeiro, somaremos o resultado da palavra ELLEN e depois o resultado da palavra GODOI, separadamente.

Importante: Caso o resultado dê um número de dois dígitos, some novamente, até o resultado ficar entre 1 e 9.

O nome ELLEN possui duas vogais: a letra E.

A letra E, na tabela pitagórica, é representada pelo número 5, portanto:

$$5 + 5 = 10$$

O resultado deu um número de dois dígitos, então vou somar novamente:

$$1 + 0 = 1$$

O resultado final da soma das vogais do nome ELLEN foi 1. Guarde essa informação.

Agora faremos a mesma coisa com o sobrenome GODOI.

Essa palavra tem três vogais: dois Os e um I.

A letra O na tabela pitagórica é representada pelo número 6, enquanto a letra I é representada pelo número 9. Portanto:

$$6 + 6 + 9 = 21$$

O resultado deu um número de dois dígitos, então vamos somar novamente:

$$2 + 1 = 3$$

O resultado final da soma das vogais do sobrenome GODOI foi 3. Guarde-o.

Agora que já sabemos o resultado das duas palavras que compõem o nome completo, somaremos o resultado delas:

$$1 + 3 = 4$$

Portanto, a camada *alma* de ELLEN GODOI é 4.

Vou dar a você uma informação importante agora: na explicação introdutória sobre o cálculo da Alma, informei que devemos calcular separadamente o resultado de cada palavra do nome e em seguida somar todos os resultados, certo?

Talvez você me pergunte: *Mas, Paulinho, se eu somar tudo junto o resultado não será o mesmo?* Sim e não.

Você vai ver em breve que, para o resultado do cálculo de quatro das cinco principais camadas do mapa numerológico (Alma, Sonho, Expressão e Caminho de destino), são considerados os números 1 a 9, *11* e *22*!

Os números 11 e 22 são tidos como números mestres na numerologia, e esse é o motivo de somarmos separadamente cada palavra do nome. Exemplo:

	9			6	
V	I	C	T	O	R

	5		5		5	
M	E	N	E	Z	E	S

	1			6	
C	A	S	T	R	O

	1
S	Á

Já identifiquei os números que representam as vogais.

Caso eu somasse tudo junto, ficaria assim:

$$9 + 6 + 5 + 5 + 5 + 1 + 6 + 1 = 38$$

E então nesse caso eu somaria novamente:

$$3 + 8 = 11$$

O resultado final seria 11.

Agora, vamos somar da forma correta e ver a diferença, palavra por palavra:

VICTOR:
$$9 + 6 = 15$$
$$1 + 5 = 6$$

MENEZES:

$$5 + 5 + 5 = 15$$
$$1 + 5 = 6$$

CASTRO:

$$1 + 6 = 7$$

SÁ:

1

Agora somaremos o resultado final de cada *palavra*:

$$6 + 6 + 7 + 1 = 20$$
$$2 + 0 = 2$$

Conclusão: se somarmos todas as vogais sem separar por palavra, o resultado será 11.

Porém, se somarmos as vogais de *cada palavra* separadamente do nome completo, o resultado será **2**.

Portanto, a *Alma* de VICTOR MENEZES CASTRO SÁ é 2.

Essa regra valerá para Alma, Sonho, Expressão e Caminho de destino.

Agora vamos ver um exemplo com o número 22:

	6		5			1			9		1
J	O	S	É		D	A		S	I	L	V	A

Já identificamos os números que representam as vogais desse nome.

Se somássemos tudo junto, ficaria da seguinte forma:

$$6 + 5 + 1 + 9 + 1 = 22$$

22 seria o resultado final.

Mas vamos somar da forma correta para ver a diferença, palavra por palavra:

JOSÉ:
$$6 + 5 = 11$$

Atenção! Como *não* é o cálculo final, esse 11 *não* será considerado, então somaremos novamente:

$$1 + 1 = 2$$

DA:
$$1 = 1$$

SILVA:
$$9 + 1 = 10$$
$$1 + 0 = 1$$

Agora somaremos o resultado final de cada palavra:

$$2 + 1 + 1 = 4$$

Conclusão: se somarmos todas as vogais sem separar por palavra, o resultado será 22.

Porém, se somarmos as vogais de *cada palavra* do nome completo separadamente, o resultado será 4.

Portanto, a Alma de JOSÉ DA SILVA é 4.

Outra observação que quero frisar é sobre a palavra JOSÉ ter o número 11 como resultado preliminar da soma das vogais, sendo necessário fazer uma nova soma (1 + 1 = 2).

O 11 e o 22 valerão apenas para os resultados *finais*, ou seja, para a última soma a ser feita! Essa regra valerá para Alma, Sonho, Expressão e Caminho de destino.

2. Cálculo do Desejo íntimo/Sonho

O cálculo do Desejo íntimo/Sonho é a soma das consoantes do nome completo. O passo a passo é este:

Voltaremos para a tabela pitagórica e identificaremos qual número representa as vogais do nome.

Somaremos separadamente as consoantes de cada nome e sobrenome.

Para darmos sequência, vamos usar os mesmos nomes citados nos exemplos anteriores. Desta vez, para facilitar, vou anotar os números das consoantes abaixo do nome:

E	L	L	E	N		G	O	D	O	I
	3	3		5		7		4		

O nome ELLEN GODOI tem duas palavras.

Primeiro somaremos o resultado do nome ELLEN e depois o resultado do sobrenome GODOI, sempre separadamente. Caso o resultado seja um número de dois dígitos, some novamente até obter um dígito de 1 a 9.

O nome ELLEN tem três consoantes: L, L e N.

Na tabela pitagórica, a letra L é representada pelo número 3 e a letra N é representada pelo número 5. Portanto:

$$3 + 3 + 5 = 11$$

Atenção! Como não é o cálculo final, esse 11 *não será* considerado, então vamos somar novamente:

$$1 + 1 = 2$$

O resultado final da soma das consoantes do nome ELLEN foi 2. Guarde essa informação.

Agora faremos a mesma coisa com o sobrenome GODOI. Ele tem duas consoantes.

A letra G na tabela pitagórica é representada pelo número 7, enquanto a letra D é representada pelo número 4. Portanto:

$$7 + 4 = 11$$

Atenção! Como não é o cálculo final, esse 11 também *não será* considerado, então vamos somar novamente:

$$1 + 1 = 2$$

O resultado final da soma das consoantes da palavra GODOI é 2. Guarde-o.

Agora que já sabemos o resultado das duas palavras que compõem o nome completo, somaremos os dois:

$$2 + 2 = 4$$

Portanto, a camada Desejo íntimo/Sonho de ELLEN GODOI é 4.

3. Cálculo da expressão

O cálculo da camada Expressão é mais simples, pois se trata da soma do resultado da Alma com o do Sonho.

Considerando que o nome ELLEN GODOI tem Alma 4 e Sonho 4:

$$4 + 4 = 8$$

A Expressão de ELLEN GODOI é de 8.

Importante: 11 e 22 só serão considerados caso apareçam na *última* soma. Portanto, se uma Alma ou Sonho forem 11 ou 22, esse número deve ser reduzido a um único dígito, antes de partirmos para o cálculo da Expressão. Vamos ver um exemplo para facilitar o entendimento.

Considerando uma pessoa cuja Alma é 11 e cujo Sonho é 3, precisaremos primeiro somar o número 11, até reduzi-lo a um único dígito.

$$1 + 1 = 2$$

O número 2 é o que será considerado para realizarmos o cálculo da expressão. Logo, somaremos $2 + 3 = 5$.

5 é o número de Expressão.

Agora, considerando uma pessoa cuja Alma é 7 e o Sonho é 22, precisaremos primeiro somar o número 22, até reduzi-lo a um número de um único dígito.

$$2 + 2 = 4$$

O número 4 será considerado para realizar o cálculo da Expressão. Logo, somaremos $7 + 4 = 11$.

O número 11 é o número de Expressão dessa pessoa.

Esse exemplo mostra nitidamente a diferença, pois, se o resultado *final* for 11 ou 22, ele será mantido e o cálculo estará encerrado.

4. Cálculo do Caminho de destino

O Caminho de destino é o resultado da soma da data completa de nascimento, mas essa soma é feita em três partes: dia, mês e ano, separadamente — semelhante à regra que usamos para calcular o nome.

Já vimos que a numerologia não precisa da hora do nascimento, mas apenas da data *real*. Se uma pessoa nasceu no dia 13/11/1985, mas foi registrada como tendo nascido no dia 17/11/1985, a data que será considerada é a data *real* de nascimento, 13/11/1985.

Vamos aos cálculos?

Primeiro vamos reduzir, separadamente, dia, mês e ano, até chegar a um resultado de 1 a 9.

Depois vamos somar novamente para descobrir o *caminho de destino*:

o 30/11/1991

- DIA: 30, logo:

$$3 + 0 = 3$$

- MÊS: 11 — lembrando que, como o 11 não é o resultado final, devemos reduzi-lo, logo:

$$1 + 1 = 2$$

- ANO: 1991, logo:

$$1 + 9 + 9 + 1 = 20$$

E somaremos novamente:

$$2 + 0 = 2$$

Assim que acharmos o resultado final do dia, mês e ano, somaremos novamente:

$$3 + 2 + 2 = 7$$

7 é o Caminho de destino dessa pessoa.

Vamos para outro exemplo:

º *22/09/1998*

- DIA: 22 — lembrando que, como o 22 *não* é o resultado final, devemos reduzi-lo, logo:

$$2 + 2 = 4$$

- MÊS: 09, logo:

$$0 + 9 = 9$$

- ANO: 1998, logo:

$$1 + 9 + 9 + 8 = 27$$

E somaremos novamente:

$$2 + 7 = 9$$

Depois que chegarmos ao resultado final do dia, mês e ano, somaremos novamente:

$$4 + 9 + 9 = 22$$

22 é o Caminho de destino dessa pessoa, pois essa foi a última soma para chegarmos ao resultado final.

5. Cálculo do Desafio maior

Tendo o resultado do dia, mês e ano, agora conseguiremos achar o número que representa o Desafio maior.

Essa é a única camada de energia em que utilizaremos subtração em todos os cálculos. Além disso, é a única camada em que o resultado final poderá ser apenas números de *1 a 8* ou o *desafio 0*, que são os desafios existentes na numerologia pitagórica. Em um determinado momento apresentarei o número 0, que significa um combo dos números de 1 a 8. Ele só tem a possibilidade de aparecer nas camadas de Desafios e em breve vocês entenderão o motivo e explicações sobre ele. Guarde essa informação.

O cálculo será dividido em duas partes e funcionará da seguinte forma:

DIA - MÊS = Resultado 1
MÊS - ANO = Resultado 2
Resultado 1 - Resultado 2 = Desafio maior

Caso o resultado seja um número negativo, desconsidere o sinal de menos. Exemplo: Caso na soma final o resultado seja -3, considere 3.

Vamos para os cálculos?

Primeiro vamos reduzir, separadamente, dia, mês e ano, para acharmos o resultado de 0 a 9.

º *31/03/1990*

- DIA: 31, logo:

$$3 + 1 = 4$$

- MÊS: 03, logo:

$$0 + 3 = 3$$

- ANO: 1990, logo:

$$1 + 9 + 9 + 0 = 19$$

E vamos somar novamente:

$$1 + 9 = 10$$

E somaremos mais uma vez:

$$1 + 0 = 1$$

Portanto:
DIA = 4
MÊS = 3
ANO = 1

Agora, faremos o cálculo da subtração conforme o exemplo:

DIA - MÊS = Resultado 1
MÊS - ANO = Resultado 2
Resultado 1 - Resultado 2 = Desafio maior

DIA - MÊS = 4 - 3 = **1** (Resultado 1)
MÊS - ANO = 3 - 1 = **2** (Resultado 2)

Agora a conta final:
Resultado 1 - Resultado 2 = 1 - 2 = **-1**

1 é o Desafio maior dessa data de nascimento.

RETOME O QUE APRENDEMOS

Agora que conhecemos a tabela pitagórica, a regra do Y e a soma das cinco camadas de energia, vamos fazer um resumo? Minha dica é que você treine algumas vezes recorrendo a ele para consultar as informações pontuais.

Tabela pitagórica

1	2	3	4	5	6	7	8	9
A	B	C	D	E	F	G	H	I
J	K	L	M	N	O	P	Q	R
S	T	U	V	W	X	Y	Z	

Regra do Y

- Y no início de um nome: fique atento à letra que vem *depois* do Y:
  - Quando um nome começar com Y e a letra seguinte for uma *vogal*, o Y será considerado uma consoante.
  - Quando um nome começar com Y e a letra seguinte for uma *consoante*, o Y será considerado uma vogal.

Y em qualquer outra posição de um nome: neste caso, você deve atentar para a letra que vem *antes* do Y.

Quando a letra que vem antes do Y for uma vogal, o Y será considerado uma consoante.

Quando a letra que vem antes do Y for uma consoante, o Y será considerado uma vogal.

Mais de um Y no nome: caso um nome tenha mais de um Y, as regras serão exatamente as mesmas explicadas anteriormente.

Cálculo da Alma

Somar as vogais do nome completo, de acordo com a certidão de nascimento original, palavra por palavra.

Cálculo do Sonho

Somar as consoantes do nome completo, de acordo com a certidão de nascimento original, palavra por palavra.

Cálculo da Expressão

Somar os resultados da Alma + Sonho.

Cálculo do Caminho de destino

Somar a data real de nascimento, separadamente, dia, mês e ano. Depois, somar o resultado dos três.

Cálculo do Desafio maior

DIA - MÊS = Resultado 1
MÊS - ANO = Resultado 2
Resultado 1 - Resultado 2 = *desafio maior*

EXEMPLO COMPLETO

Vamos trabalhar em um exemplo completo, conforme tudo o que aprendemos? Faremos os cálculos na seguinte ordem:

1. Alma.
2. Sonho.
3. Expressão.
4. Caminho de destino.
5. Desafio maior.

Utilizaremos o seguinte nome completo e a data de nascimento:

YVETE APARECIDA — 17/12/1962

Nesse nome há uma letra Y, então fique atento à regra: o nome começa com Y e a letra seguinte é uma consoante, logo esse Y será considerado *vogal*.

Agora consulte a tabela pitagórica para conferir os números. A fim de facilitar os cálculos, sugiro escrever o nome em uma tabela, como veremos a seguir. Na parte superior você calculará a Alma e na parte inferior o Sonho.

Cálculo da Alma

7		5		5		1		1		5		9		1
Y	V	E	T	E		A	P	A	R	E	C	I	D	A
	4		2				7		9		3		4	

Cálculo do Sonho

Cálculo da Alma (soma das vogais):

YVETE: cálculo das vogais

$$7 + 5 + 5 = 17$$
$$1 + 7 = 8$$

APARECIDA: cálculo das vogais

$$1 + 1 + 5 + 9 + 1 = 17$$
$$1 + 7 = 8$$

Agora somaremos o total das vogais:

$$8 + 8 = 16$$
$$1 + 6 = 7$$

7 é o número de Alma de Yvete Aparecida.

Cálculo do Sonho (soma das consoantes):

YVETE: cálculo das consoantes

$$4 + 2 = 6$$

APARECIDA: cálculo das consoantes:

$$7 + 9 + 3 + 4 = 23$$
$$2 + 3 = 5$$

Agora somaremos o total das consoantes:

$$6 + 5 = 11$$

11 é o número de *sonho* de YVETE APARECIDA.

Cálculo da Expressão (soma do resultado Alma + Sonho)

Lembre-se: como agora faremos mais um cálculo, teremos que reduzir o 11 do Sonho: $1 + 1 = 2$, logo:

$$7 + 2 = 9$$

9 é o número de Expressão de YVETE APARECIDA.

Cálculo do caminho de destino (soma da data de nascimento)

17/12/1962

- DIA: 17, logo:

$$1 + 7 = 8$$

- MÊS: 12, logo:

$$1 + 2 = 3$$

- ANO: 1962, logo:

$$1 + 9 + 6 + 2 = 18$$

Somaremos novamente:

$$1 + 8 = 9$$

Achado o resultado final do dia, mês e ano, somaremos mais uma vez:

$$8 + 3 + 9 = 20$$

E somaremos de novo:

$$2 + 0 = 0$$

2 é o Caminho de destino de YVETE APARECIDA, com a data de nascimento 17/12/1962.

Cálculo do Desafio maior

Já descobrimos o resultado final do *dia*, *mês* e *ano* de YVETE, portanto:

DIA = 8
MÊS = 3
ANO = 9

Agora, faremos o cálculo da subtração, conforme este exemplo:

DIA - MÊS = Resultado 1
MÊS - ANO = Resultado 2
Resultado 1 - Resultado 2 = Desafio maior

DIA - MÊS = 8 - 3 = **5** (Resultado 1)
MÊS - ANO = 3 - 9 = **-6** (Resultado 2)
Lembre-se de desconsiderar o sinal negativo do resultado.

Agora a conta final:
Resultado 1 - Resultado 2 = 5 - 6 = **-1**

1 é o Desafio maior de YVETE APARECIDA, com a data de nascimento 17/12/1962.

FAÇA VOCÊ MESMO

Chegou a sua vez de descobrir as principais camadas de energia de seu mapa numerológico! Fique atento às regras, pois uma letra errada poderá mudar o resultado final.

Uma sugestão que sempre ajuda é a seguinte: faça as contas primeiro usando lápis e papel. E depois refaça tudo em uma calculadora. Se os resultados baterem, você estará no caminho certo.

Se quiser treinar no próprio livro, use o espaço a seguir.

Para que serve tudo isso?

Com os cálculos em mãos, agora você está a um passo de descobrir para qual direção o GPS da sua vida está apontando. Lembre-se de que as camadas têm particularidades, e o objetivo é tirar o melhor proveito de cada uma delas.

Agora que você está prestes a entrar no mundo maravilhoso dos números, eles passarão a ter um significado profundo para a sua existência.

CAPÍTULO 14

O SIGNIFICADO DOS NÚMEROS: AS PEÇAS QUE COMPÕEM O QUEBRA-CABEÇA DA SUA VIDA

A numerologia pitagórica é representada por 12 números, sendo eles: 1 a 9, 11, 22 e 0. Cada um deles tem uma personalidade e características bem específicas.

Além disso, todos os números apresentam uma polaridade positiva e uma negativa. Nosso objetivo é sempre mantê-los no lado positivo.

Nesta seção vamos aprender o significado de cada número e suas polaridades, de forma simples e descomplicada.

A ideia é que você leia uma explicação objetiva sobre os números para entender como eles funcionam em cada uma das principais camadas de energia e os meios mais importantes de se conectar com seu propósito de vida.

Número 1

Palavras-chave positivas
Liderança, força, iniciativa, pioneirismo, independência, proatividade, poder.

Palavras-chave negativas
Autoritarismo, egoísmo, centralização, agressividade, narcisismo.

Significado
O número 1 é o responsável pelos inícios. Com alto poder de proatividade, é o visionário, que geralmente sabe aonde quer chegar. Os regidos pelo número 1 adoram conquistas e são bem competitivos, principalmente consigo mesmos. São pessoas determinadas quando querem conquistar algo.

Devido a seu alto poder de persuasão, quem tem o número 1 é aquela pessoa que, quando começa a falar, todos param para ouvi-la, pois a enxergam como referência.

A energia é tão forte que um líder sempre reconhece outro líder. Tanto que haverá certo desafio caso um número 1 precise ser liderado por alguém que tenha ausência de liderança na vida.

Nem sempre uma pessoa que ocupa um cargo de liderança tem o número 1, e pode haver dificuldades com as posições hierárquicas. Se quem tem o número 1 é liderado por alguém com ausência desse número, haverá dificuldade para respeitar a hierarquia.

O número 1 é um dos mais importantes em relação à iniciativa. Tudo que vemos e vivemos foi iniciado por uma pessoa ousada, e provavelmente essa pessoa tinha algum número 1 forte nas principais camadas. É o que se põe na frente para que os outros números possam entrar.

Em seu equilíbrio, são pessoas muito admiradas, notadas, e é aqui que devemos tomar cuidado para não cair no lado negativo do número. O negativo acontece, na maioria dos casos, pela extrapolação do número.

Se um número 1 quiser muito ser um líder, ter poder, ser reconhecido, poderá cair na armadilha do *ego*, fazer tudo para simplesmente aparecer, sem um propósito que o mova. Quando isso acontece, os regidos pelo número 1 se tornam arrogantes, autoritários, centralizadores, autossuficientes e mostram alta dificuldade para delegar, pois querem o brilho só para si.

Há uma grande diferença entre ser líder e ser chefe. Geralmente associamos o chefe àquela pessoa que, quando chega ao escritório, todos abaixam a cabeça, com medo, enquanto ele se acha superior. Já o líder é aquele que, mesmo ocupando um cargo que está acima dos demais, considera todos parte da equipe, senta ao lado dos membros do time para ajudar, apoia, motiva. Um líder em equilíbrio gosta de se ver cercado de pessoas que confiem no seu trabalho.

Quando estão no ápice da extrapolação, essas pessoas se tornam solitárias, pois começam a ser evitadas pelos demais e deixam de ser bem-vindas, perdendo justamente a essência do próprio número.

Alma

O número 1 como Alma é aquela pessoa que, em essência, é proativa, realizadora, não gosta de depender da atitude dos outros para sua vida fluir. É, por essência, alguém com iniciativa.

Caminho de destino

O número 1 como Caminho de destino representa aquele que veio para ser independente. Durante sua jornada de vida, sutilmente ou não, aparecerão oportunidades que vão impor a essa pessoa responsabilidades que exijam mais independência. Não será por acaso. Se a sua situação for essa, agarre essas responsabilidades, pois é somente liderando que você conseguirá fazer seu propósito fluir.

Sonho

O número 1 como Sonho é a pessoa que gosta de liderar. Adora quando os outros solicitam sua ajuda, pedem sua opinião, seu direcionamento. O Sonho de 1 fica feliz quando é colocado em posição de destaque, não por ego, mas por ter uma oportunidade de demonstrar seus talentos.

Desafio maior

O Desafio maior de número 1 sentirá exatamente que será colocado em provas para que possa mostrar sua verdadeira liderança. Muitas vezes a pessoa pode sentir falta do número 1, ou seja, sentir que deseja liderar, mas se ver com medo de arriscar. Lembre-se: se você tem Desafio com esse número, não é à toa que a vida colocará você em provas para que mostre seu verdadeiro potencial. No excesso, o Desafio de 1 se torna muito "mandão", agressivo, egoísta, querendo o brilho só para si. Quando perceber esses comportamentos, procure retomar o equilíbrio.

Expressão

Quem tem Expressão de número 1 geralmente é visto como líder logo de cara. Muitas vezes você pode nem perceber, mas naturalmente as pessoas associam sua imagem à de um líder — talvez você tenha sido monitor de classe na infância. Você tem talento para liderar, mas é preciso colocá-lo em prática para perceber.

Dica do numerólogo

Não espere um "empurrãozinho" do Universo para agir. Quem tem 1 precisa dar o primeiro passo, e aí, sim, o Universo ajudará com o resto. Tenha iniciativa se quiser mudar de vida. Muitas pessoas estranham o número 1 logo de cara, pois imaginam que liderar é se ver em cima de um palco, na frente de centenas de pessoas. No entanto, a partir do momento em que você começa a tomar iniciativas e a decidir em vez de esperar pela atitude dos outros, já está liderando. Reflita sobre isso.

Número 2

Palavras-chave positivas

União, relacionamentos interpessoais, parcerias, mediação, capacidade de adaptação, diplomacia, paciência, atenção.

Palavras-chave negativas

Submissão, falta de voz ativa, dificuldade em dizer não, dependência emocional, carência, inferioridade, incapacidade de realizar as coisas, insegurança.

Significado

Parcerias e união. Posso tranquilamente definir o número 2 com essas duas palavras. Ao contrário do número 1, as pessoas que têm 2 nas principais camadas gostam de compartilhar a vida, vieram para somar, agregar, unir.

São seres flexíveis por natureza, pois são mediadores, sempre tentam manter as duas partes de forma tranquila, e justamente por isso o 2 é chamado de "número-cupido" — não somente pelo lado afetivo, embora aprecie unir pessoas com o mesmo interesse, seja ele qual for.

São generosos, ótimos negociadores, pacientes.

Quanto ao fato de gostarem de dividir a vida, em tudo que os regidos pelo número 2 se propõem a fazer logo pensam em alguém para dividir a experiência e trilhar o mesmo caminho. Geralmente adoram se relacionar afetivamente e gostam de fazer sociedades.

Quanto a isso devemos ter atenção, pois, ao buscarem muito uma parceria, eles se tornam dependentes e submissos. A vontade de agradar é tanta que começam a ter dificuldade de dizer "não", passando a anular as próprias vontades para se encaixar no mundo do outro.

O número 2 não se sente capaz de fazer nada sozinho. É como se precisasse de alguém para *completar* sua vida, e não para *complementá-la,* como deveria ser. Há uma grande diferença entre gostar de ter alguém e precisar ter alguém, e é nessa diferença que mora o lado "equilíbrio e desequilíbrio" do número 2.

O medo da solidão o faz manter relações não saudáveis apenas para não ficar sozinho. Esses indivíduos são muito apegados a tudo.

Alma

Quem tem Alma de número 2, por personalidade, já é uma pessoa parceira. Sempre estará à disposição para ajudar no que estiver ao seu alcance e dentro do seu limite. Essas pessoas são ótimas conselheiras e verdadeiras diplomatas, boas em mediação de conflitos.

Caminho de destino

Os regidos pelo número 2 são seres que vieram para unir, agregar e compartilhar. Adoram realizar coisas que os conectem com pessoas, muito mais do que ficar atrás de um computador, sem contato com ninguém. São ótimos para trabalhar em equipe.

Sonho

Esse indivíduo adora unir. Geralmente é aquele amigo que organiza os eventos e fica responsável por chamar todo mundo. Adora conectar seus vários círculos de amizade, fazendo todo mundo se conhecer. Fica muito feliz quando está em um relacionamento afetivo. É cuidadoso e leal.

Desafio maior

Quanto a ter o número 2 como Desafio, será necessário atentar à maneira como você se doa, pois a grande lição será ter parcerias e relacionamentos saudáveis, preservando a própria independência. Essa pessoa veio aprender a dar prioridade a seus desejos, sem se tornar inflexível.

Quando há a falta de energia do número 2, a pessoa se torna impaciente, e encontra certa dificuldade para delegar.

Expressão

Em geral as pessoas se identificam logo de cara com esse indivíduo, pois ele tem energia de acolhimento, de compreensão. Consegue fazer amizades com facilidade, devido a sua capacidade de compartilhar e unir.

Dica do numerólogo

Não viva em função dos outros. Tenha suas parcerias, una-se às pessoas, mas nunca abandone sua personalidade e suas vontades de lado por absolutamente ninguém. Se alguém pedir para você ser diferente do que é, essa pessoa não serve para você.

Número 3

Palavras-chave positivas

Comunicação, crescimento, expansão, fertilidade, otimismo, alegria, entusiasmo, criatividade, sociabilidade.

Palavras-chave negativas

Exagero, futilidade, ciúme, superficialidade, desconcentração, trapalhadas.

Significado

Podemos definir o número 3 como o número da comunicação e da expansão. É a pessoa responsável por fazer o negócio crescer, expandir, fertilizar.

Criativos por natureza, os regidos por esse número são donos de mentes agitadas, aceleradas, inquietas e férteis. São uma verdadeira caixinha de surpresas, sempre inventando algo.

Como o 3 é o número que rege profundamente o otimismo, essas pessoas são alegres, espontâneas, divertidas e leves. Podem ser comparadas muitas vezes com a personalidade de uma criança — o número 3, aliás, é o número da criança.

Adoram participar de eventos e festas, socializar e conhecer gente nova e são muito agradáveis de conviver.

O 3 é um número totalmente ligado à autoestima. Os regidos por ele são vaidosos, gostam de se cuidar, se enfeitar e dedicam bastante tempo a isso. Sabem falar bem, se expressar, chamar a atenção. São ótimos comunicadores, seja por meio da fala, do canto, da escrita ou da arte em geral.

Essas pessoas precisam trabalhar e atuar em algo que exija gasto de energia, atividades dinâmicas, iguais às do número 5. Caso executem algo muito monótono e repetitivo, tornam-se agitadas, confusas, ansiosas, desfocadas e indisciplinadas. Além disso, a mente pensa mais rápido que a boca, por isso a fala costuma ser acelerada e às vezes há leves problemas de dicção. É a esse aspecto que os regidos pelo 3 devem prestar atenção, pois o excesso do próprio número os torna tagarelas e com pouco poder de escuta. Além disso, podem exagerar ao contar histórias, inventando ou extrapolando fatos.

Podem se tornar vagos, dispersos e confusos, começando projetos que são abandonados pela metade.

O otimismo em excesso também pode se tornar um problema para o número 3, já que o indivíduo passa a idealizar um mundo de fantasia, no qual não consegue enxergar a verdadeira realidade; mesmo diante de grandes problemas, finge não os ver. Uma das estratégias que o número 3 usa para fugir dos problemas é se apegar ao lado mais infantil que existe dentro de si.

Para que o número 3 cresça de forma equilibrada, precisa canalizar sua energia e explorar sua criatividade, seja pela arte, em exercícios físicos ou se comunicando. Isso evitará a confusão mental por excesso de energia.

No desequilíbrio, esses indivíduos são bagunceiros e podem ser desastrados.

Voltando à questão da autoestima, caso esteja no desequilíbrio, essa vaidade se excede e as pessoas se tornam extravagantes, sem um propósito. Tudo nelas fica muito colorido e estampado — uma das maneiras de chamar a atenção.

Por último, mas não menos importante, o 3 é o número da fertilidade. A presença dele no mapa sinaliza isso, mas, caso haja desequilíbrio, a mulher pode ter dificuldade para engravidar, o que geralmente volta a se equilibrar se o 3 for exercido da forma correta.

Caso não goste de socializar, de ver gente, ou seja muito tímido, isso significa que esse número, em algum momento da vida, foi sufocado. Nessa situação, será preciso exercer mais a comunicação para desbloqueá-lo.

Alma
Quanto à personalidade, quem tem o número 3 é uma pessoa leve, divertida e alegre. Atrai situações em que vai utilizar sua comunicação ou criatividade. Expansivo e motivado.

Caminho de destino
O número 3 como Caminho de destino indica que essa pessoa veio realizar seu propósito de vida por meio da comunicação e da expressão. Geralmente veio ocupar cargos que exigem certo dinamismo e contato social.

Sonho

O número 3 adora ser demandado para se expressar, seja apresentando um trabalho ou sendo ovacionado por algum grande feito. Ele é um verdadeiro artista da vida real, podendo ocupar posições de destaque por sua desenvoltura na comunicação.

Desafio maior

Esses indivíduos vieram para aprender a se expressar de forma ordenada, direta e um tanto objetiva. Precisam utilizar a comunicação para ajudar as pessoas a se desenvolver, mostrar o que é belo. Caso tenham problemas para se comunicar, precisarão buscar formas de destravar a fala aos poucos. Uma dica são os cursos de oratória.

Expressão

Uma das Expressões mais fáceis de identificar é a de um número 3, já que essas pessoas se expressam até mesmo pela roupa que vestem. Geralmente amam cores, brilhos e acessórios. Quase sempre chegam ao ambiente com um sorriso estampado no rosto.

Dica do numerólogo

Caso você tenha o número 3 nas principais camadas, reflita: não foi à toa que o Universo o presenteou com esse número. Ele quer, por meio da sua comunicação, trazer leveza para o mundo. Exerça sua criatividade, até nas coisas mais simples do nosso cotidiano.

Número 4

Palavras-chave positivas

Segurança, estabilidade, planejamento, organização, foco, disciplina.

Palavras-chave negativas

Método, sistema, teimosia, avareza, medo, inflexibilidade, inveja.

Significado

Se o número 1 inicia, o 2 cria parceria e o 3 expande, chegou a hora de o número 4 organizar tudo o que foi criado.

Sendo o número da estabilidade e do trabalho, ele contempla aqueles que não medem esforços para concluir o que programaram. São focados, extremamente determinados a alcançar seus objetivos.

Se prestarmos atenção, tudo o que é concreto e duradouro é composto por esse número: quatro pernas de uma cadeira, quatro pilares, quatro fases da lua, quatro estações do ano...

Esses indivíduos são altamente dedicados e conseguem ficar horas sentados trabalhando e organizando a vida, o propósito. Sua dedicação pode ser comparada à das formigas, que, mesmo tão pequenas, conseguem construir formigueiros enormes.

Para se sentirem seguras, as pessoas que têm o número 4 adoram organizar tudo — os armários de casa, a agenda do dia e até uma viagem —, pois gostam de sentir que estão no controle.

Diferente do número 5, ou melhor, contrário a ele, o 4 adora rotina, pois ela oferece meios de se organizar para que tudo saia como o planejado.

Ao contrário de outros números, o 4 gosta de subir degrau por degrau em sua vida, justamente para criar tudo de forma mais estável. Por isso, acaba demorando mais que outros números para obter suas conquistas. A vantagem é que, quando finalmente conseguem, as coisas duram e permanecem.

Muitas vezes, quando falo do forte desejo desse número de trabalhar, as pessoas estranham, e é justamente nesse ponto que faço a reflexão: *Você gosta do que faz?*

O desequilíbrio desse número é o motivo que faz muitas pessoas me procurarem e muitas *não* me procurarem. Ficou confuso? Eu explico.

Quando a pessoa busca muita estabilidade, muita segurança, ela aceita qualquer coisa que a mantenha segura, sem precisar pensar se de fato gosta daquela situação. O exemplo mais clássico é o concurso público. Muitos prestam concurso apenas para alcançar a estabilidade material e não por realmente gostar do cargo que escolheram.

Boa parte desses indivíduos tem o dom para o empreendedorismo, ainda mais se tiverem o 1 ou o 8 no mapa, mas preferem ter carteira assinada para garantir a "estabilidade", deixando seu verdadeiro propósito adormecido.

Ao se renderem a esse medo excessivo da instabilidade, os regidos pelo 4 caem na zona de conforto, na estagnação. Nada na vida acontece, tudo fica automático e muitos não conseguem perceber o motivo.

É nesse ponto que entra o comentário que fiz há pouco, sobre muitos buscarem meu trabalho. Os que desejam mudar buscam formas de descobrir seu propósito; já o outro grupo tem tanto medo da mudança que prefere ficar como está; mesmo "desconfortável", é uma zona conhecida.

Pelo mesmo motivo, essas pessoas podem ter inveja daqueles que conseguem realizar o movimento de mudança na própria vida. O medo de mudar pode tornar o número 4 acumulador e muito apegado a tudo, pela dificuldade em se desprender do passado.

Seu lado conservador faz o regido pelo número 4 se apegar a uma única ideia e persegui-la como verdade absoluta. Um exemplo clássico é o fanatismo, entre eles o religioso.

O medo paralisa, e é aqui que começa a mudança.

Outra vertente de desequilíbrio é o excesso de trabalho. O número 4 não percebe o momento de descansar, podendo achar que dormir é "perda de tempo".

Alma
Como personalidade, é aquele que é dedicado, incansável e muito planejador. O tipo de pessoa que, quando ouve um pedido de ajuda, corre, pega papel e caneta e ajuda o outro, passo a passo, a resolver o problema. São ótimos organizadores de vida.

Caminho de destino
O regido pelo número 4 veio para trabalhar arduamente. É literalmente pelo trabalho que as coisas acontecem e seu propósito de vida é realizado. Essa pessoa adora funções ad-

ministrativas e gosta de lidar com logísticas de organização e planejamento.

Sonho

O número 4 se sente muito bem quando precisa organizar algo. Ele fica satisfeito e motivado quando está sendo útil. Um trabalhador fiel, em quem se pode confiar quanto a prazos e metas.

Desafio maior

Seu Desafio maior é aprender a ser menos metódico e sistemático. Aprender a olhar para o novo, a mudar quando a situação deixa de fazer bem. Usar o medo para agir e não para paralisar. Aprender a impor limites quanto ao excesso de trabalho.

Expressão

Geralmente, quando se bate o olho em alguém de Expressão 4, ele é identificado rapidamente: é aquele que gosta de sair com tudo combinando, roupa passada, tudo organizado. Percebe-se como é organizado logo na primeira conversa. Esses indivíduos são objetivos ao mostrar o que querem.

Dica do numerólogo

Trabalhe bastante, mas nunca a ponto de deixar a saúde de lado. Organize-se, mas não seja inflexível com os contratempos.

Parabenize-se a cada conquista, mas lembre-se de que nada é para sempre.

Número 5

Palavras-chave positivas
Liberdade, transformação, mudanças, versatilidade.

Palavras-chave negativas
Impulsividade, excessos, vulgaridade, vícios, falta de foco.

Significado
Sendo considerado um primo bem próximo do 3, o 5 é o número da liberdade, da transformação e da mudança. Vou explicar por quê.

Se tem liberdade, se consegue transformar e se transforma, esse indivíduo muda a realidade, não apenas a sua como a das pessoas ao redor.

A principal virtude desse indivíduo é o dinamismo ao realizar suas tarefas. Diferente do 4, o número 5 é apaixonado por mudanças, quer sempre experimentar algo novo, todos os dias.

Essas pessoas são boas em otimizar processos que antes duravam horas, justamente para deixar o trabalho mais dinâmico. Mostram muita resistência a trabalhos que envolvem ficar sentadas o dia todo em frente a um computador e não gostam de tarefas repetitivas. Tornam-se agitadas e ansiosas quando isso acontece.

O número 5 mudará toda e qualquer área da sua vida em que se sentir preso. Trabalho, relacionamentos, espiritualidade. Se houver uma regra que o prenda, haverá mudanças.

Muitos me questionam sobre como o 5 lida com relacionamentos afetivos, já que são tão livres. Esse indivíduo consegue manter uma relação, mas ela precisa ser dinâmica e fugir da rotina. Quando tudo se torna automático, as coisas deixam de fazer sentido para ele. Geralmente são aqueles casamentos em que os dois são livres e têm muita energia, adoram viajar, praticar esportes radicais, experimentar coisas novas. Definitivamente não são relacionamentos parados.

Por serem pessoas de alma livre, gostam de encarar novos desafios e mudanças, e é aqui que começa o ponto de desequilíbrio, caso o regido pelo número 5 caia no excesso.

Quando essas pessoas levam a sensação de liberdade ao pé da letra, não se prendem a absolutamente nada e abandonam tudo pela metade, com medo de se sentirem presas. Não criam o mínimo de "raiz" para fazer algo dar certo. Imagine uma pessoa que planta uma semente e fica na frente do lugar durante cinco minutos esperando ela crescer; se o broto não aparece, ela deixa de regar o lugar do plantio e vai embora. É o imediatismo que a faz desistir de muitas coisas.

Esse indivíduo mudará várias vezes de emprego e de relacionamento, justamente por não aprender a buscar algo que realmente o torne livre para transformar.

O desapego em excesso o impede de criar conquistas concretas. Com o passar dos anos, o número 5 acumula diversos "inícios de projetos", todos contendo apenas o começo, sem meio nem fim.

Uma das partes de desequilíbrio que mais exigem atenção desse número é a da impulsividade e dos vícios. Quando se sentem presos, os regidos por esse número procuram formas de extravasar e se aliviar do estresse, e com isso alguns acabam encontrando saídas "incorretas", como excesso de bebida, drogas, sexo, compras, jogos. É como se confundissem ser livre com não ter limites.

A maneira mais saudável de nutrir essa liberdade e essa energia são os exercícios físicos e as ações que envolvam movimento, pois assim os regidos pelo número 5 conseguirão canalizar seu grande poder transformador.

Alma

Estamos falando de pessoas de alma livre, enérgicas, agitadas e dinâmicas. É aquele amigo que passa na sua casa e diz: "Vamos à praia agora?" Com ele não tem tempo ruim quando o assunto é fazer algo que o faça sentir emoção.

Caminho de destino

O número 5 veio para mudar e transformar, tornar tudo mais fácil e flexível. Trabalhos dinâmicos ou que permitam viajar e trabalhar ao mesmo tempo são seus preferidos.

Sonho

Gosto de dizer que o sonho do 5 é viver viajando, mudando, vivenciando coisas novas, sentindo emoção todos os dias. Esse indivíduo gosta de adrenalina e de se sentir vivo.

Desafio maior

Seu grande aprendizado é ser livre, mas ter foco. É ser dinâmico, mas centrado na conclusão das coisas. É mudar, mas não ser extremamente desprendido de tudo a qualquer custo. Aprender a criar o mínimo de raiz para as coisas vingarem. Aprender a ter limites e a ser responsável quanto aos excessos.

Expressão

Parecidas com os regidos pelo número 3, as pessoas do número 5 são reconhecidas de longe pelo jeito dinâmico e agitado. São aqueles que se vestem de forma bem descontraída, leve, sem se preocupar se tudo está combinando. Buscam o conforto e se encantam com coisas que os fazem se sentir livres.

Dica do numerólogo

Quando se sentir preso a alguma tarefa, pare por alguns instantes e comece a fazer algo mais dinâmico. Uma bela dica é dividir seu dia de trabalho com pausas de 5 minutos a cada 25 minutos trabalhados. Para quem não conhece, esse é o método conhecido como "Pomodoro", que, além de ajudar a ser mais produtivo, favorece o esvaziamento da mente de ciclo em ciclo.

Número 6

Palavras-chave positivas

Amor, emoção, paz, calma, harmonia, família, zelo.

Palavras-chave negativas

Dependência emocional, pessimismo, estagnação, vitimismo, possessividade.

Significado

Harmonia é a palavra que escolho para definir o número 6, pois dentro de harmonia existe paz, amor, calmaria, zelo, família.

O número 6 é o mais emocional de toda a numerologia. Ele é visceral, sente tudo com muita intensidade. Ele vive, se entrega, cuida, zela.

São pessoas extremamente leais àqueles que amam. Acolhedor por natureza, quem tem esse número adora ajudar e cuidar de quem precisa. Preza muito pelo ambiente familiar, é muito ligado à casa, ao lar, e faz dele um templo a que ama estar conectado.

O que esse indivíduo busca é estar em verdadeira e plena harmonia com todos. Ele tem aversão a brigas e desavenças, e justamente por isso é mediador e apaziguador.

Adora dividir a vida afetivamente, idealiza muito a família perfeita e gosta de ter a casa cheia. Muitos dos regidos pelo número 6 mantêm relacionamentos longos com pouco tempo de solteirice entre as uniões. Apegam-se facilmente.

Transmissores de paz, tentam sempre encontrar maneiras de expressar seus sentimentos por aqueles que lhe querem bem. São chorões e emotivos. Sabem amar e buscam muito ser amados por alguém.

A vida do número 6 gira em torno das próprias emoções. Diferente dos números racionais, que conseguem deixar a emoção de lado para seguir com a vida, o número 6 paralisa se por algum motivo o seu emocional estiver abalado.

Sabemos que o emocional comanda o corpo e nossas atitudes, e esse aspecto é profundamente amplificado no número 6. Todas as emoções são vividas como se fossem ampliadas.

No ambiente de trabalho, esse indivíduo se sente bem ao perceber que existe harmonia, como se todos fossem uma grande família. Quando percebe alguma desarmonia, fica desconfortável.

Por desejarem muito ser amadas, as pessoas com o número 6 não suportam sentir qualquer tipo de rejeição; quando isso acontece, ficam mal imediatamente, e a partir desse ponto o desequilíbrio do 6 pode começar.

Com medo do abandono, passam a modificar a própria personalidade para se encaixar no mundo de alguém. A partir de então, priorizam a vontade dos outros, não a própria, e com isso se tornam dependentes emocionais, sufocando a própria personalidade.

Lidando com um excesso de cuidado, junto com o medo da perda, pegam o problema dos outros para si e se tornam excessivamente protetores. São ciumentos e possessivos, o que pode ocasionar o abandono pela outra parte, já que perdem o controle de suas emoções.

Na vida, essas pessoas mostram resistência a resolver problemas e com isso caem na zona de conforto, onde as coisas não são resolvidas. Elas praticam o que chamo de procrastinação emocional.

O excesso de calmaria e tranquilidade leva as pessoas a perder o poder de ação na própria vida. Elas deixam de ter iniciativa e proatividade, permitindo que tudo aconteça sem que estejam no controle.

Há uma diferença interessante entre a irresponsabilidade do 5 e a do 6. O número 5 quer fazer tudo e abandona pela metade; já o 6 nem tem vontade de começar.

Outro ponto de atenção é para o 6 briguento, de cara fechada e com dificuldade de demonstrar afeto. Pode ser que tenha lidado com ausência de carinho e excesso de desavenças em casa, e que isso o tenha feito entender que essas situações são normais. Em algum momento da vida esse problema foi deixado de lado, e é preciso resgatá-lo para começar a entender e trabalhar melhor sua inteligência emocional.

Alma

O regido pelo número 6 é amoroso por natureza. Conselheiro, acolhedor e carinhoso, sabe dar atenção e ser um bom ouvinte. Faz de tudo para ver o outro bem.

Caminho de destino

O número 6 veio para harmonizar e apaziguar. Esse indivíduo é ótimo em trabalhos que envolvam cuidar, zelar e proteger. Tem jeito para lidar com pessoas, do recepcionista ao médico.

Sonho

O que o número 6 busca e idealiza é um amor, uma família, um lar para chamar de seu. Essa pessoa ama almoços e jantares em família e com amigos. Gosta de ser o anfitrião, de cozinhar para aqueles que lhe querem bem.

Desafio maior

Seu grande aprendizado é expressar e lidar com suas emoções de forma equilibrada, seja na falta ou no excesso delas. Por serem intensos, às vezes esses indivíduos pulam algumas etapas e demonstram em excesso, mostrando até certa carência. Eles vieram aprender a se priorizar antes de priorizar os outros na própria vida.

Expressão

De maneira semelhante aos regidos pelo número 2, as pessoas que têm Expressão de 6 são muito bem recebidas em todos os lugares, pois são simpáticas, amorosas, queridas. Sempre atraem gente querendo conversar.

Dica do numerólogo

Busque trabalhar sua inteligência emocional. Uma recomendação que faço para todos, mas principalmente para os que têm o número 6, é sempre fazer algum tipo de terapia, pois eles têm necessidade de compreender suas emoções a todo momento.

Número 7

Palavras-chave positivas

Sabedoria, autoconhecimento, inteligência, espiritualidade, racionalidade.

Palavras-chave negativas

Vagueza, ignorância, exigência, crítica, superioridade.

Significado

Antes de falarmos do número 7, eu gostaria de dividir esta explicação em duas partes: a espiritualidade e a racionalidade.

Para a numerologia pitagórica, a espiritualidade é representada pelos números 7, 9, 11 e 22. Existe uma situação bem específica para a numerologia em relação a quem tem um desses números no mapa numerológico, sobretudo nas principais camadas.

Ter números de espiritualidade é ser intuitivo, sensitivo e sensível, com energias de pessoas, lugares, coisas. São indivíduos que têm uma ligação mais aflorada com o mundo espiritual.

Posso dizer que é como se eles tivessem uma "antena parabólica" que capta muito mais sentimentos e energias que o restante do mundo, e justamente por esse motivo precisam ter em sua rotina a prática da espiritualidade.

Falando em termos bem simples, posso dizer que praticar a espiritualidade é criar formas de manter sua vibração energética no positivo o maior tempo possível.

Palavras e pensamentos têm força, então observe e preste atenção nas palavras que você emana e nos pensamentos que alimenta.

É em uma mente serena que temos o maior poder de manifestação do que desejamos, portanto, busque e pratique a espiritualidade.

Explicado o quesito espiritualidade, vamos falar sobre o número 7 em si.

Esse é o número da sabedoria, do autoconhecimento, da inteligência. Eternos observadores, costumo dizer que os regidos por ele gostam dos "porquês", sempre buscando aprender algo diferente, algo novo.

Dos quatro números de espiritualidade, esse é o que mantém uma dualidade bem forte entre intuição e razão. Ele sente, mas quer comprovações. Não está errado, pois essa dualidade faz parte da sua personalidade, mas o excesso deve ser observado com atenção — esses indivíduos podem se tornar céticos e ignorar a própria intuição. O limite entre razão e intuição é bem tênue, e um de seus aprendizados é criar harmonia e equilíbrio entre ambas.

Seu senso questionador faz dessa pessoa um ser inteligente, pois ela sempre está atrás de respostas para todas as dúvidas que possui. Adora estudar e aprender coisas novas, nas mais diversas áreas da vida. O interessante é que, quando o 7 gosta de algo, faz questão de ensinar aos outros tudo o que aprendeu. São ótimos professores e terapeutas.

Os regidos pelo número 7 são seletivos com as pessoas que os cercam. São reservados e de poucos, mas bons amigos. Para se abrirem com alguém, é necessário que esse alguém conquiste sua confiança e admiração. Aliás, o número 7 busca pessoas que consegue admirar.

Uma das formas de recarregar as energias é ficar sozinho. A solitude do 7 é necessária para que ele consiga se reenergizar.

Esses indivíduos são fascinados pelos questionamentos da própria existência e sempre estão buscando se conhecer um pouco melhor. Esse é um dos motivos pelos quais eles estão sempre usando ferramentas de desenvolvimento pessoal.

É nesse momento que devemos observar os desequilíbrios do número da exigência, pois, ao extrapolarem, essas pessoas se tornam extremamente críticas e perfeccionistas. Para elas, nada está bom o suficiente, e têm dificuldade em reconhecer a própria evolução em certos assuntos, justamente por quererem buscar o inatingível.

O que as faz voltar para o equilíbrio é relembrar a linha entre a razão e a intuição. Gosto de dizer que intuição é aquela dica do Universo vinda por meio de alguma sensação, sinal, sentimento, para que possamos ficar atentos a algo.

Se esse número tender para o lado cético, torna-se debochado, mostrando superioridade, querendo ser um "sabichão", como se soubesse mais que todos e os demais fossem fúteis e vagos.

Por outro lado, se o número 7 seguir somente para o lado espiritual, pode se tornar confuso mentalmente, pois é justo naquela linha tênue que ele vai se manter em equilíbrio. Caso se torne confuso, perde o poder de ensinar.

Se o 7 fica seletivo e autossuficiente demais, a solitude se transforma em solidão. Esse indivíduo não vai conseguir se relacionar, por não se sentir pertencente a um grupo.

Todos os números de espiritualidade mostram a mesma tendência caso estejam em desequilíbrio: vícios, nervosismo e autodestruição. Isso se deve ao fato de serem sensíveis demais. Então, quando estão exaustos e retendo muita energia mal utilizada e não praticada, ficam nervosos e procuram alguma forma de extravasar. Acredite, eu fui prova viva disso.

Alma

Por essência, o número 7 é questionador, observador e analítico. Sempre está interessado em aprender coisas novas e disposto a ensinar o que sabe.

Caminho de destino

Esse indivíduo veio para praticar a sabedoria e a espiritualidade. Os regidos pelo número 7 são ótimos com trabalhos que envolvam raciocínio lógico, ensino e espiritualidade. Vieram para ser a ponte entre as pessoas e o mundo racional/intuitivo.

Sonho

Inteligentes, gostam de se sentir desafiados. Adoram papos profundos e se interessam por tudo aquilo que os faça aprender um pouco mais. O número 7 se sente bem quando está conectado com a própria espiritualidade.

Desafio maior

Seu grande aprendizado é praticar a fé. É saber olhar para dentro e se reconhecer. É ser menos autocrítico e ter mais empatia consigo mesmo.

Expressão

São sempre mais reservados, mais observadores, mas sabem se expressar com segurança na fala, dando a impressão de que dominam qualquer tipo de assunto.

Dica do numerólogo

Em vez de questionar, sinta. Em vez de duvidar, observe.

Olhe para dentro, pois esse será o lugar onde você vai encontrar as maiores e mais profundas respostas que deseja.

Número 8

Palavras-chave positivas

Verdade, justiça, retidão, honestidade.

Palavras-chave negativas

Crueldade, corrupção, más intenções, desonestidade.

Significado

O número da justiça e da honestidade. O significado do 8 tem uma explicação bem interessante. Muitos me perguntam: *Qual o motivo de existir um número que representa ser justo e honesto, se todos deveríamos ser justos e honestos?* Concordo, todos nós deveríamos ser assim, mas muitos não são, e as pessoas de número 8 vieram para fazer justiça e nos ensinar a ser honestos. Faz parte do propósito deles.

Esses indivíduos são extremamente racionais, justos e totalmente sensatos. O que é certo é certo e o que é errado é errado. Não importa quem esteja envolvido em um conflito, esse indivíduo irá defender a verdade. E ele tem o poder de enxergá-la rapidamente, às vezes até por um olhar ou por uma expressão facial.

Agora venho elucidar um fato sobre o número 8. Muito se ouve falar que ele é o número do dinheiro, das conquistas materiais, das posses. Sim, é verdade, mas não uma verdade absoluta. Vou explicar melhor.

Quando pensamos que apenas o 8 tem a possibilidade de ganhar dinheiro, estamos tirando automaticamente o mérito dos outros números, pois, ao estarem em equilíbrio, todos podem fazer conquistas da mesma forma.

Gosto de dizer que a diferença é simples. O 8 é apenas um acelerador financeiro, como um toque de Midas: tudo o que toca vira ouro. Isso se deve ao fato de esse indivíduo ser extremamente visionário, empreendedor e ter visão de futuro. O número 8 sabe aonde quer chegar. Seu sentimento visionário atrai muitas conquistas materiais.

Mesmo assim, o dinheiro pode ser um verdadeiro termômetro do equilíbrio desse número. Ao mesmo tempo em que pode chegar rápido, pode ir embora mais rápido ainda, se houver desonestidade. Às vezes o regido pelo número 8 conquista bens materiais, mas, na hora em que a lei do retorno age, perde todas as conquistas em dobro.

Essa resposta do Universo por intermédio da vida financeira se deve ao fato de que as conquistas materiais são uma das coisas mais importantes para o número 8. Se perde dinheiro, ele imediatamente acorda e percebe que algo está errado.

E a regra é clara: se eu roubo um real, a vida me cobrará esse um real. Se alguém regido pelo número 8 rouba um real, a vida cobrará dele cem reais de volta, pois ele infringiu justamente a regra que orienta seu propósito de vida: ser justo e honesto.

Muitas vezes, quando falo sobre a honestidade do 8, muitos dizem: *Minha vida financeira é um caos, mas eu não sou desonesto, pago tudo certinho!* E aqui entra outra desonestidade cometida por muitos: a desonestidade consigo mesmo.

Quantas vezes permanecernos em um emprego ou relacionamento de que não gostamos? Quantas vezes fazemos algo que vai totalmente contra nossa vontade? Isso é ser desonesto consigo mesmo, com suas vontades. No fundo, sua intuição sempre vai guiá-lo e mostrar o que é certo e o que é errado.

Quando estão em equilíbrio com o lado empreendedor, são pessoas que sabem fazer dinheiro, investir, crescer financeiramente. Utilize esse seu poder. Caso você não tenha o número 8 no mapa, não se preocupe: as conquistas podem vir por meio de outros números. Se serve de exemplo, eu mesmo não tenho 8 no meu mapa numerológico e, graças a Deus, ao Universo, à minha mãe e ao meu propósito, sou muito próspero.

De todos os números, talvez o que mais exija atenção para o desequilíbrio seja o 8, pois o que é contrário à honestidade? A desonestidade! O que é contrário à justiça? A injustiça.

De ambiciosos eles se tornam gananciosos e passam por cima de qualquer coisa para atingir o que querem. Tornam-se cruéis, vingativos e calculistas para alcançar seus objetivos, sem se preocupar com as consequências.

Os regidos pelo número 8 em desequilíbrio são pessoas frias a ponto de olhar nos olhos dos outros e mentir sem esboçar nenhuma reação que os entregue, com exceção dos números de espiritualidade que, se praticarem bem, sentem a desonestidade de longe.

Os excessos na busca por conquistas os tornam autoritários e dominadores, e então esses indivíduos se tornam arrogantes e materialistas, pessoas a que todos temem e que só pensam em dinheiro.

Seu verdadeiro propósito é levar a verdade, a justiça e a honestidade.

Alma
Como personalidade, os regidos pelo 8 são justos e transparentes. Falam o que sentem e o que pensam. De certa forma isso é ótimo, mas é preciso tato para falar a verdade.

Caminho de destino
Essas pessoas vieram praticar e levar a justiça e a verdade a todos. São ótimas quando ocupam cargos que exijam con-

fiabilidade. Verdadeiros líderes e empreendedores, têm um senso de crescimento bem elevado.

Sonho

Adoram quando são reconhecidos por seus feitos. Gostam de conquistas materiais, viagens, carros e roupas. Buscam muito crescimento profissional, geralmente atrelado a um cargo de liderança ou a terem o próprio negócio.

Desafio maior

O grande aprendizado desse indivíduo é ser justo, verdadeiro e honesto, principalmente em situações em que ninguém o observa. Busque sonhar alto, pensar grande e acreditar nos próprios sonhos. Cuidado com o excesso de busca pelo poder, para não se tornar ganancioso.

Expressão

Esse também é um número fácil de identificar pela expressão, pois os regidos por ele são refinados, chiques, muito bem-vestidos e geralmente usam roupas de marca. São comportados e formais. Dominam a comunicação.

Dica do numerólogo

Quanto mais honesto você for, mais conquistas terá. Agradeça ao Universo por ter recebido a oportunidade de levar a verdade para as pessoas por intermédio do seu propósito de vida. Seja grato ao seu dinheiro e busque sempre a inteligência financeira.

Número 9

Palavras-chave positivas

Humanitarismo, universalismo, espiritualidade.

Palavras-chave negativas

Egoísmo, pessimismo, mau humor, nervosismo.

Significado

O 9 é o segundo número de espiritualidade, e nutre mais a energia da sensibilidade.

Fortemente solidárias, as pessoas de 9 vieram com um único intuito: fazer a diferença na vida dos outros, por meio de gestos e da espiritualidade.

Humanitários, são aqueles que estão prontos e dispostos a ajudar a quem for preciso, conhecendo ou não, independentemente do que seja. Pessoas, animais, natureza, o planeta, absolutamente tudo! São aqueles seres que idealizam um mundo melhor, sem guerras, sem fome, um mundo de paz, de amor, de união.

Pelo dom de ajudar pessoas, a espiritualidade desses indivíduos é ativada pelo sentir. Eles sentem quando o outro não está bem, quando alguém precisa de ajuda. O 9 veio fazer a diferença na alma das pessoas, trazendo um despertar para a melhor versão delas.

Um questionamento comum é colocado sempre que abordo as características do 9: *Então não posso dizer "não"?* Sim, pode e deve, mas no momento oportuno.

Para ajudar alguém, você deve estar bem consigo mesmo em primeiro lugar, se sentindo recarregado, completo. É preciso estar com a espiritualidade em dia, caso contrário não conseguirá auxiliar do modo como gostaria e (pior ainda) vai descarregar mais ainda sua energia. Quando não está bem, você não ajuda nem a si mesmo nem aos outros.

Priorize-se para, depois, poder dar atenção aos que precisam de auxílio.

Outro questionamento bem comum: *Se eu doo um alimento, estou praticando o meu 9?* E a resposta é não, definitivamente. Ajudar com doações e mantimentos é caridade, e todos os números poderiam e deveriam praticar a caridade de alguma forma. O 9 veio ajudar mais profundamente, nas necessidades internas de cada um. É o terapeuta, o conselheiro, o médico, o amigo. É aquele que estará sempre pronto para uma palavra amiga.

Esses indivíduos têm muita resistência a ver notícias de tragédias e desastres, pois elas o afetam diretamente, além de baixar sua vibração energética. Eles se sentem incapazes de fazer a diferença, como se não fossem suficientes para ajudar na melhora do planeta.

O regido pelo número 9 mostra ausência total ou quase total de preconceitos, pois para ajudar de forma indistinta é preciso ser receptivo e compreensivo, independentemente de quem seja.

Ao mesmo tempo em que amam ajudar, essas pessoas resistem a pedir ajuda, pois sempre se sentem em dívida e querem ajudar de volta. E aí entra o questionamento: *Mas então quem ajuda as pessoas de 9?* Geralmente outras pessoas de 9, muitas vezes desconhecidas, que o Universo envia para cruzar seu caminho, caso esteja dentro do propósito. Por isso elas são consideradas pessoas de muita sorte. Quando estão conectadas, sentem que o Universo sempre conspira a seu favor.

É preciso reforçar a necessidade da prática da espiritualidade, pois, como esse indivíduo veio com o objetivo de ajudar, energias mais densas e baixas sempre tentam desestabilizá-lo, e por isso é preciso se fortalecer, dia após dia.

Outro aspecto relativo ao número 9 é o fato de que essas pessoas têm dons artísticos, mas, diferentemente do 3, é um dom que vem da alma, como se elas pudessem praticar a espiritualidade por meio da arte e ela fosse sentida fortemente por quem aprecia suas obras.

Talvez seja estranho pensar que existe desequilíbrio quanto a um número tão elevado, mas existe e não é pouco, caso não seja observado a tempo.

Toda luz é equivalente a uma sombra, e, se a luz do 9 é enorme, sua sombra pode ser também.

Ao ajudar em excesso, esses indivíduos se perdem de si mesmos, ficando anulados e dependentes da vontade alheia. A partir do momento em que pega o problema dos outros para si, além de tirar a oportunidade de o outro evoluir, você acrescenta mais um desafio à sua vida, desafio esse que não era seu.

Se passa o tempo todo ajudando os demais, você acaba se enfraquecendo e começa a achar que o Universo está sendo injusto, deixando de lhe oferecer conquistas. Nesse momento, começa a se tornar rabugento e ingrato com a vida, para de ajudar os outros e mais uma vez se esquece de si mesmo.

Com ausência de espiritualidade, o número 9 se torna extremamente mal-humorado, nervoso, apreensivo, "reclamão" e irritado, como se dentro de si houvesse energia acumulada, parada. Ele sente que precisa fazer algo, mas está tão desconectado que não consegue identificar o que é.

Busque ajudar a si, antes de mais nada. Ao se ajudar, você se sente capaz de ajudar os outros. Ao fazer isso, você se vê retornando aos trilhos do seu propósito de vida.

Alma
Costumo dizer que os regidos pelo número 9 são almas boas, solícitas e muito acolhedoras. Carregam consigo a energia do ajudar, do abraçar, do acalentar, mesmo que seja com um simples olhar ou uma palavra.

Caminho de destino
Eles vieram para ajudar e fazer a diferença na vida das pessoas. Geralmente são ótimos com qualquer trabalho que envolva o ser humano.

Sonho
As pessoas 9 se sentem felizes e completas quando percebem que sua ajuda fez diferença na vida de alguém, não por ego, mas simplesmente por saber que alguém ficou melhor em suas questões pessoais.

Desafio maior
O número 9 não tem Desafio maior. Se praticar bastante, você vai perceber nos cálculos que é impossível uma soma final ser 9. Os aprendizados dele chegam com a própria característica do número, que é se conectar com a espiritualidade.

Expressão

Esses indivíduos se portam de forma solícita, preocupados em ver os outros bem. Além disso, é como se tivessem um ímã para pessoas necessitadas, pois sempre são parados por alguém precisando de ajuda, até mesmo por desconhecidos na rua.

Dica do numerólogo

Ajude, seja solícito, mas não deixe de priorizar a própria saúde, seja ela emocional, física ou espiritual. Não faça nada esperando algo em troca, pois na hora certa o Universo vai recompensá-lo por cumprir tão bem o seu papel. Por último, não se coloque no lugar de terapeuta de amigos, parceiros afetivos e família, pois assim você estará desequilibrando sua energia. Você veio para ajudar aqueles que não podem retribuir. Caso ajude demais pessoas próximas, vai acabar se tornando o pai ou a mãe delas.

Número 11

Palavras-chave positivas

Espiritualidade, reciclagem de energias, intuição, poder de cura pelas mãos.

Palavras-chave negativas

Nervosismo, vícios, mentira, paranoia.

Significado

Antes de falarmos sobre o 11, nunca esqueça que, toda vez que tiver um 11 como resultado final em seu mapa, você também carregará a energia do número 2 — portanto, leia a explicação do 2 e do 11.

Os dois últimos números da numerologia, 11 e 22, são considerados números mestres e são totalmente ligados à espiritualidade.

Se fôssemos definir, os números 1, 2, 3, 4, 5, 6 e 8 são terrenos. O 7 e o 9 transitam entre o mundo terreno e o mundo espiritual e, por fim, o 11 e o 22 são totalmente ligados ao mundo espiritual.

O 11 é o terceiro número de espiritualidade da numerologia, espiritualidade essa que vem da pura intuição. São verdadeiros canalizadores de energia e têm alto poder mediúnico, caso seja desenvolvido.

Esses indivíduos têm poder de cura pelas extremidades do corpo (mãos e pés). Por isso, é indicado que trabalhem com algo que envolva a cura pelas mãos, por exemplo o *reiki*, para canalizar essa energia da forma correta. Se ela for mal canalizada, mãos e pés podem apresentar sudorese, descamação e até dor nas juntas.

Eles são os verdadeiros recicladores de energia da numerologia. Quando estão em equilíbrio, conseguem absorver energias de baixa densidade, reciclá-las internamente e emanar energia limpa. Sabe quando você ouve: "Nossa, é tão bom ficar perto de você! Você tem uma energia ótima!"? Então, é justamente essa percepção que os outros têm a respeito desse número.

O número 11 é encantador e persuasivo quando gosta de algo. Fala com tanta paixão que tem um forte poder de convencimento.

Eles também têm dons artísticos profundos, uma forma de praticar sua espiritualidade por meio da arte.

Pelo fato de terem sua capacidade espiritual elevada, praticar a espiritualidade é vital para que esse número se mantenha em equilíbrio. A ausência dessa capacidade é o caminho para o desequilíbrio.

O número 11 sem a prática de espiritualidade se torna uma verdadeira esponja energética, absorvendo tudo para si, sem conseguir reciclar energia. Esses indivíduos se tornam confusos mentalmente, preguiçosos, sonolentos; também desenvolvem nervosismo e tendência a vícios. Essa tendência merece ainda mais atenção, já que ela é um canal aberto de energias. O principal meio que as energias mais densas tendem a usar para enfraquecer o número 11 é a energia sexual vulgarizada e exagerada, assim como as drogas e a bebida.

Eles usam seu poder de persuasão para mentir e enganar pessoas, por meio das suas falas cheias de inverdades.

A maior e melhor forma de manter o 11 em equilíbrio é praticando a espiritualidade.

Alma
Por essência, os regidos pelo número 11 são carismáticos, apaixonados e cativantes. Expressam amor pelas palavras, como se por meio delas pudessem recarregar a energia das pessoas ao redor.

Caminho de destino
Esses indivíduos vieram para praticar a espiritualidade e reciclar energias de ambientes e de pessoas. São ótimos terapeutas e conselheiros.

Sonho

Gostam de estar em lugares conectados com a natureza, espaços espirituais e templos.

Desafio maior

Você vai perceber nos cálculos que é impossível uma soma final resultar em 11. Os aprendizados chegam com a própria característica do número, que é se conectar com a espiritualidade.

Expressão

A energia dos indivíduos de 11 é notada facilmente. Eles funcionam como uma fonte de energia limpa quando estão em equilíbrio. Só de estar perto deles as pessoas se sentem bem.

Dicas do numerólogo

Como alguém que tem diversos 11 no mapa, minha dica é: conecte-se com a espiritualidade. Muitas vezes você vai perceber que energias de baixa densidade tentarão tirar você da sua missão. Não permita. Alimente sua fé e lembre-se de que ela é e tem que ser inabalável.

Número 22

Palavras-chave positivas

Genialidade, sabedoria, espiritualidade, dom para a magia.

Palavras-chave negativas

Ganância, vingatividade, nervosismo, vícios.

Significado

Antes de conversarmos sobre o 22, não esqueça que, toda vez que tiver esse número como resultado final em seu mapa, você também carregará a energia do número 4 portanto leia a explicação do 4 e do 22.

E agora vamos falar sobre o quarto e último número de espiritualidade, o 22. O número mais poderoso, energeticamente falando, da numerologia, e que, se estiver em equilíbrio, poderá alcançar lugares antes vistos como inatingíveis, justamente pelo seu poder de mentalização e persuasão.

Sua espiritualidade vem do dom da magia e da mentalização.

Já vimos que os números espirituais mantêm uma ligação com a lei da atração mais forte que os outros números, certo? O número 22 é o que possui esse canal mais aberto, justamente por sua forte ligação com o outro lado e pelo seu poder de mentalização. As orações e os desejos dele se tornam mais potencializados, se bem utilizados. Por isso, existem muitos 22 que são líderes religiosos.

Os regidos pelo número 22 vieram com o dom mais potencializado de ajudar, ensinar e transformar pessoas por meio do seu conhecimento, que é concedido pela espiritualidade. São verdadeiros sábios e nasceram para ensinar.

Outro ponto importante sobre sua mentalização refere--se à capacidade de atrair conquistas para sua vida. O regido pelo número 22 é aquela pessoa que pensa: *Com 30 anos quero estar em tal empresa, com tal cargo e com tal salário*, e consegue fazer exatamente como planejou. Posso dizer que é um 8 potencializado, com forte poder de empreendedorismo e de ser visionário. Afirmações positivas para quem tem o número 22 são essenciais.

O ponto alto do 22 são seus dons para a magia. São aqueles indivíduos que conseguem materializar intenções por meio da manipulação de elementos e até mesmo de alimentos. Quando um número 22 está cozinhando e coloca alguma intenção, esta se fixa fortemente no alimento e adentra os que se alimentarem dela. São excelentes alquimistas e ótimos para trabalhar com esse universo.

Sua espiritualidade precisa estar sempre em equilíbrio, já que é a mais forte dos números mais espirituais. Caso não esteja, seu poder pode ser devastador.

A sede por conquistas e materializações do número 22 pode torná-lo extremamente ganancioso, desejando, como o número 8, crescer e ter brilho a qualquer custo. Isso o torna manipulador. O regido pelo 8 quer ter muito dinheiro, muito poder, seja qual for o meio usado para atingir essa meta. A energia espiritual fica corrompida e começa a abrir espaço para que energias de baixa densidade tentem desviá-lo do caminho.

Então eles começam a apresentar tendência a vícios, tornam-se irritadiços, apreensivos e ansiosos, autodestrutivos.

O dom para a magia, que antes era uma coisa boa, começa a ser utilizado para o mal. O poder de mentalização passa a atrair mais energias negativas e pessimistas, devido a sua baixa vibração.

A espiritualidade é muito sábia e reconhece a força de um 22. Se você começar a sentir a ausência dela, retorne imediatamente às suas práticas. Conecte-se com algo que lhe faça bem. Deus, meditação, orações, tudo o que fizer seu padrão vibratório se elevar. O intuito da espiritualidade é ajudar você a mantê-la em equilíbrio, então peça essa ajuda ao Universo, a Deus.

Alma

Quanto à personalidade, esses indivíduos são dedicados, planejadores, persuasivos, geniais. É o tipo de pessoa que, ao falar, deixa os outros hipnotizados.

Caminho de destino

Eles vieram para ensinar e praticar a espiritualidade. Com seu dom para a mentalização, conseguem emanar um poder energético enorme. Quanto mais ensinam, mais se conectam ao seu propósito.

Sonho

Essas pessoas têm um grande desejo de transformar os outros por meio dos seus dons. São dedicadas e não descansam até atingirem o maior número de transformados.

Desafio maior

Você vai aprender ao praticar os cálculos que é impossível uma soma final dar 22. Os aprendizados desse número chegam com a própria característica, que é se conectar com a espiritualidade.

Expressão

Como vimos há pouco, não é possível a soma final ser 22, pois, se a Expressão é a soma da Alma + Sonho, o número máximo a que se pode chegar é $9 + 9 = 18$. Não se esqueça:

caso a pessoa tenha Alma 11 e Sonho 11, ao fazer o cálculo para a Expressão, considere somente o 2.

Dica do numerólogo

Nunca, em hipótese alguma, abandone suas práticas espirituais. Caso ainda não tenha alguma, comece o quanto antes. O 22 é um enviado da espiritualidade para ajudar as pessoas por meio do ensino. Ela estará de prontidão para ajudar no que for preciso.

Número 0

Talvez agora você esteja se perguntando: *Número 0? Você não tinha dito que só existiam os números 1 a 9, 11 e 22? Se existe o 0, qual o motivo de ser o último número apresentado?* Vou explicar o conceito e você já vai entender.

O número 0, pela numerologia, não apresenta características individuais, pois é um combo de oito números da numerologia pitagórica. Dentro do 0 temos o significado dos números de 1 a 8, mas é interessante lembrar que o 0 só aparece em uma única camada, o Desafio, justamente por ser a única que trabalha com a subtração de números.

Vamos ver um exemplo.

Relembrando, o cálculo do Desafio maior será dividido em duas partes e funcionará da seguinte forma:

DIA - MÊS = Resultado 1
MÊS - ANO = Resultado 2
Resultado 1 - Resultado 2 = Desafio maior

Caso o resultado seja algum número negativo, desconsidere o sinal de menos do número. Por exemplo, se na soma final o resultado for -3, considerar 3.

Vamos para os cálculos?

Primeiro vamos reduzir separadamente dia, mês e ano, para achar o resultado de 0 a 9:

03/12/1983

- DIA: 03, logo:

$$0 + 3 = \mathbf{3}$$

- MÊS: 12, logo:

$$1 + 2 = \mathbf{3}$$

- ANO: 1983, logo:

$$1 + 9 + 8 + 3 = \mathbf{21}$$

Somaremos novamente:

$$2 + 1 = \mathbf{3}$$

Portanto:
DIA = 3
MÊS = 3
ANO = 3

Agora, faremos o cálculo da subtração:

DIA - MÊS = Resultado 1

MÊS - ANO = Resultado 2

Resultado 1 - Resultado 2 = Desafio maior

DIA - MÊS = 3 - 3 = **0** (Resultado 1)

MÊS - ANO = 3 - 3 = **0** (Resultado 2)

Agora a conta final:

Resultado 1 - Resultado 2 = 0 - 0 = **0**

0 é o Desafio maior dessa data de nascimento.

Vamos a mais um exemplo.

Primeiro vamos reduzir separadamente dia, mês e ano, para achar o resultado de 0 a 9:

11/07/1991

- DIA: 11, logo:

$$1 + 1 = 2$$

- MÊS: 7, logo:

$$0 + 7 = 7$$

- ANO: 1991, logo:

$$1 + 9 + 9 + 1 = 20$$

Somaremos novamente:

$$2 + 0 = 2$$

Portanto:
DIA = 2
MÊS = 7
ANO = 2

Agora, faremos o cálculo da subtração:
DIA - MÊS = Resultado 1
MÊS - ANO = Resultado 2
Resultado 1 - Resultado 2 = Desafio maior

DIA - MÊS = 2 - 7 = - 5 (Resultado 1)
MÊS - ANO = 7 - 2 = 5 (Resultado 2)

Agora, a conta final:
Resultado 1 - Resultado 2 = 5 - 5 = 0
0 é o Desafio maior dessa data de nascimento.

Quem tem o Desafio maior com 0, na verdade, tem os desafios de 1 a 8 dentro de si. Provavelmente agora você está pensando qual a vantagem disso, mas saiba que é um desafio bem especial, com um propósito maior ainda.

Existem várias observações a serem feitas, e a primeira delas é relembrar que desafio não é castigo, muito menos pedrinha no sapato. O objetivo de um desafio é fazer você evoluir e crescer com a energia daquele número. Assim, se você tem um Desafio com 0, terá a capacidade de conquistar a energia de oito números, e não de um só.

Apesar de serem oito desafios, você viverá apenas um por vez, e eles serão sequenciais, de 1 a 8. Sempre começarão no dia do seu aniversário e terão duração de um ano, até seu próximo aniversário.

E aqui você deve estar se perguntando: *Tudo bem, Paulinho, mas como vou saber qual é o meu Desafio atual?* Vai ser bem simples de responder. Seu desafio do ano vai ter o mesmo número do seu *ano pessoal*.

O *ano pessoal* será assunto da parte final deste livro, e ao aprendê-lo você poderá automaticamente saber em qual desafio está, caso tenha um *Desafio* com 0.

Os anos pessoais vão de 1 a 9, mas *não existe* Desafio com 9, logo o ano 9 será um ano que não considerará a camada Desafio maior. Logo mais você vai entender melhor essas informações.

Provavelmente as suas perguntas não param por aí: *Tudo bem, mas qual o propósito de ser desafiado oito vezes mais que as outras pessoas?* E eu respondo. Quando é cobrado oito vezes mais, você tem a capacidade de viver e aprender todos os desafios. Aprendendo todos eles, conseguirá usar a própria experiência para ajudar outras pessoas, em todas as áreas da vida.

Geralmente eu brinco nos atendimentos dizendo assim: *Você veio vivenciar tanta coisa que sua vida poderia se transformar em um livro.* E acho que, de tanto falar, eu atraí isso para mim, afinal tenho Desafio com 0 no meu mapa numerológico e cá estou eu, contando a história de como cheguei até aqui e ensinando minha missão a você, com muito amor, orgulho e carinho.

Estou confuso!
E se não fizer sentido?

Se você calculou suas principais camadas, leu o significado dos números e ficou um pouco confuso, não se preocupe: isso é absolutamente normal. Afinal, é um bombardeio de informações, e talvez você precise de alguns dias para absorvê-las.

Muitos me perguntam o que acontece se algo não fizer sentido, se não se identificarem com as definições relativas a cada número.

Nós nascemos como uma folha em branco, com nosso propósito conectado e vibrando positivamente. Porém, ao longo da vida, influências familiares, religiosas, crenças limitantes e traumas nos afastam e muitas vezes nos fazem esquecer a nossa verdadeira essência.

A primeira coisa a fazer é relembrar os dez primeiros anos de sua vida, como se pudesse fazer uma retrospectiva. Pense no quanto seus pais ou tutores o apoiavam em seus sonhos de infância. Caso perceba que não teve apoio, não os culpe, afinal eles apenas replicaram o que receberam de seus próprios avós, bisavós e por aí vai.

O importante é perceber se a característica do número com o qual hoje você não se identifica já fez sentido algum dia.

Eu, por exemplo, já atendi pessoas com um número 6 forte no mapa, mas que não conseguiam se expressar afetivamente, não conseguiam ter relacionamentos amorosos. Ao olhar para o passado dessas pessoas, percebi grandes traumas de relacionamentos anteriores, abandonos, abusos. É como se elas tivessem bloqueado o próprio 6. Agora fica mais nítida a importância de sempre buscarmos nos desenvolver intelectual e espiritualmente, da maneira que for possível, pois assim conseguiremos limpar e curar as feridas do nosso passado.

Também atendo pessoas de número 3 que têm fobia de falar em público. Busquei entender o motivo disso e percebemos (os clientes e eu) que elas sofreram traumas por terem sido expostas ao ridículo na infância, o que as fez se fechar e nunca mais querer estar debaixo dos holofotes. Mais uma vez, friso a importância de buscarmos ajuda para curar nossos traumas.

E se eu tiver números com características opostas?

Outro fator que sempre desperta dúvidas está ligado ao fato de a pessoa ter números com características opostas nas principais camadas do mapa numerológico. Por exemplo:

Sabemos que o número 4 adora planejamento e rotina, certo? Já o número 5 ama se jogar no mundo e não gosta de monotonia. Toda vez que perceber um número com características opostas, perceba o que um pode aprender e agregar com o outro.

Nesse exemplo, podemos entender que, se o 5 conseguir se planejar, poderá ter mais estabilidade para se jogar no mundo e viajar. E o 4 perceberá que, se for mais corajoso e se permitir se abrir para o novo, poderá ter estabilidade diante das mudanças.

Outro exemplo comum é o número 1, que busca liderança, e o número 2, que deseja parcerias. Essa junção forma a liderança com parcerias. É ao lado de outra pessoa que o número 2 conseguirá liderar de forma mais assertiva. O 1 terá mais brilho quando se unir a outros em sua liderança.

Eu sei que no início parecerá uma análise complicada, mas, lendo atentamente os números, você vai perceber como um pode aprender com o outro.

O poder do conhecimento nas suas mãos

Agora posso dizer que você está com o GPS da vida nas mãos. A numerologia é uma ferramenta capaz de direcionar você da maneira mais correta possível, compreendendo sua personalidade, o que você deseja, como as pessoas o veem, quais são seus grandes aprendizados e, principalmente, o seu propósito no mundo.

Paulinho, adorei tudo, percebi muitas coisas sobre mim, mas por onde eu começo? Nós nos vemos na próxima parte.

PARTE 5

O ANO PESSOAL

PARTE 5

O ANO PESSOAL

Recalculando a rota: definindo seu ponto de partida

Se você estiver em um carro, perdido na estrada, não adiantará dirigir se não souber o caminho para onde deseja ir. Será necessário parar e recalcular a rota do GPS. Somente assim você conseguirá seguir em frente.

Dentro da numerologia pitagórica há uma técnica muito especial que possibilita entendermos em que ponto da estrada estamos antes de continuarmos.

Com essa técnica, você vai compreender muito melhor seu momento atual de vida, assim como as ocasiões mais e menos propícias para tomadas de decisão específicas.

Imagine ter nas mãos uma ferramenta que trará até você a consciência sobre o melhor caminho a percorrer. O nome dela é ano pessoal.

ANO PESSOAL: O GUIA DA SUA ESTRADA

O *ano pessoal* é uma técnica que possibilita entendermos nosso momento atual de vida, com base em um cálculo sobre nossa data de aniversário.

Todos passamos por ciclos de nove anos de duração, e a cada ano vivemos caraterísticas específicas a serem desenvolvidas nesse período.

Cada ano é representado por um número de 1 a 9, e eles serão sequenciais, em ordem crescente. Após o ano 9, o ciclo vai se reiniciar e assim sucessivamente, até os últimos dias de sua vida.

Na vida, nós ganhamos essa ferramenta a partir dos 14 anos. Ela passa a valer a partir dessa idade.

O cálculo é simples, bem parecido com o do Caminho de destino, mas com uma pequena diferença. Naquele cálculo, fazemos a seguinte conta: calculamos dia + mês + ano do nascimento. Para o *ano pessoal*, o que mudará é que, em vez de usarmos o ano do nosso nascimento, usaremos o ano da última vez que fizemos aniversário.

Vamos colocar a teoria em prática.

Para este exercício, finja que estamos em abril de 2022. Guarde essa informação.

Tomemos duas datas de aniversário como exemplo: 10/02 e 11/07.

Começando com a data de 10/02 e fingindo que estamos em abril, essa pessoa já teria feito aniversário em 2022, correto? Logo, para calcularmos seu *ano pessoal* atual, devemos utilizar esse ano mesmo, por ser o ano do seu último aniversário. A data para o cálculo será a seguinte, então: 10/02/2022.

No caso da pessoa que nasceu em 11/07, ela ainda não *teria feito* aniversário em 2022, certo? Seu último aniversário foi em 2021, logo, a data para o cálculo será a seguinte: 11/07/2021.

Agora vamos aos cálculos.

Eles seguirão o mesmo modelo do Caminho de destino:

Cálculo do ano pessoal atual
(soma do dia e mês do nascimento + o ano do último aniversário)

º *Exemplo 1: 10/02/2022*

- DIA: 10, logo:

$$1 + 0 = 1$$

- MÊS: 02, logo:

$$0 + 2 = 2$$

- ANO: 2022, logo:

$$2 + 0 + 2 + 2 = 6$$

Achado o resultado final do dia, mês e ano do último aniversário, somaremos novamente:

$$1 + 2 + 6 = 9$$

O *ano pessoal atual* dessa pessoa é 9. Ele se inicia em 10/02/2022 e vai até 09/02/2023 (um dia antes de ela fazer aniversário e o *ano pessoal* virar novamente).

Vamos agora para o outro exemplo.

○ *Exemplo 2: 11/07/2021*

- DIA: 11, logo:

$$1 + 1 = 2$$

- MÊS: 07, logo:

$$0 + 7 = 7$$

212

- ANO: 2021, logo:

$$2 + 0 + 2 + 1 = 5$$

Achado o resultado final do dia, mês e ano do último aniversário, somaremos novamente:

$$2 + 7 + 5 = 14$$

E somaremos mais uma vez:

$$1 + 4 = 5$$

O *ano pessoal atual* dessa pessoa é 5. Ele se inicia em 11/07/2021 e vai até 10/07/2022 (um dia antes de ela fazer aniversário e o *ano pessoal* virar novamente).

A partir do momento em que você achou seu *ano pessoal* atual, não precisará mais fazer o cálculo daqui para a frente, pois a cada aniversário você irá para o *ano pessoal* seguinte: 1, 2, 3, 4, 5, 6, 7, 8, 9, 1, 2, 3... Até o último dia de vida.

O *ano pessoal* atual terá a duração de um ano, começando no dia do seu aniversário e finalizando no dia que antecede seu próximo.

Quero ressaltar um caso em que costuma haver confusão: o das pessoas que fazem aniversário em dezembro, principalmente nos últimos dias. Nunca se esqueça de atentar para o ano do *último* aniversário.

Imaginemos que hoje seja dia 20/12/2022.

E vamos pegar a data de aniversário de 31/12 como exemplo.

Por mais que faltem poucos dias para o aniversário, o fato é que ele ainda não aconteceu. Logo, o cálculo será feito com o ano de 2021, combinado?

Agora, obtido o número do *ano pessoal*, vamos ao significado de cada um deles e às dicas para lidar com cada ano. Antes, porém, preparei algo bem especial para ajudar nessa sua jornada.

A cada *ano pessoal*, você terá algumas tarefas para executar. Mas lembre-se: ele começa no dia do seu aniversário e não em 1º de janeiro.

Para anotar sua evolução, providencie um caderno, ao qual só você terá acesso, pois ele conterá informações bem pessoais. Anote tudo com muito zelo, carinho e dedicação. Você terá pela frente algumas tarefas específicas de acordo com o que cada ano requer de você.

Muito importante: não espere fazer aniversário para iniciar. Comece desde já, considerando o ano que está vivendo atualmente.

As tarefas serão relativas aos seguintes temas:

- trabalhar a energia do ano;
- espiritualidade;
- família;
- emocional;
- lazer;
- estudos;

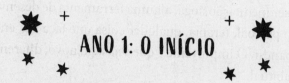

ANO 1: O INÍCIO

O ano 1 é o primeiro de um ciclo de nove anos.

É o que constrói, que inicia, que busca independência.

Neste ano, a energia estará totalmente voltada para o início de novos projetos, ideias, pensamentos, como se o Universo pudesse abrir uma megaoportunidade para tirar projetos do papel.

Seja independente.

Quer iniciar algo? Não perca tempo, coloque a mão na massa.

Quer mudar de carreira? Aproveite a energia desse ano para fazer a diferença.

Aja com muita persistência e determinação, pois tudo o que for plantado agora vai reverberar nos próximos oito anos!

Tarefas do ano 1

Trabalhar a energia do ano
Busque tirar algum projeto do papel. Pode ser aquele projeto que, muitas vezes por medo ou insegurança, ficou abandonado, mas que ainda faz seu coração bater forte.

Espiritualidade

Você vai iniciar alguma prática de espiritualidade nova. Pode ser meditação, ioga, alguma ferramenta de desenvolvimento pessoal, terapia, qualquer coisa que faça sua energia se expandir. O importante é que seja algo novo, diferente do seu habitual.

Família

Tome alguma iniciativa para se conectar com aquelas pessoas que você mais ama. Pode ser um encontro mensal, por exemplo. Lembrando que o conceito de família tem sentidos diferentes para cada um.

Emocional

Passe a cuidar com mais amor do próprio emocional. Uma dica: aprenda o que puder sobre inteligência emocional. Será o seu momento de dar mais atenção a esse lado tão importante.

Lazer

Você buscará uma nova forma de lazer. Algo que alivie o estresse da semana, que faça você relaxar.

Estudos

Comece um curso novo. Algo que possa agregar e melhorar o desempenho em sua área de atuação.

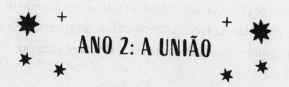

ANO 2: A UNIÃO

Após o ano 1 dar o ponto de partida e trazer independência, o ano 2 vai trabalhar as uniões e relacionamentos interpessoais.

Esse é o ano para nutrir suas relações, seja qual for o grau de importância delas. Pode ser, por exemplo, uma amizade, o casamento ou mesmo relações profissionais.

O importante é trabalhar a paciência, aprender sobre empatia, se colocar no lugar do outro, unir, agregar, compartilhar.

Ano ótimo para novos relacionamentos e parcerias, de todas as formas.

Tarefas do ano 2

Trabalhar a energia do ano
Este será um ano concentrado em olhar para seus relacionamentos interpessoais e harmonizá-los. Está envolvido em desavenças? Resolva. Algum relacionamento instável? Converse. Quer abrir uma sociedade? Aproveite a oportunidade desse ano.

Espiritualidade
Busque formas de espiritualidade que conectem você a outras pessoas. É válido também procurar um parceiro para caminhar junto nessa evolução, um ajudando o outro.

Família

Procure se conectar mais com a família, resolvendo desavenças e estreitando laços estremecidos. Se precisar de algum profissional especializado na área, não perca tempo.

Emocional

Ano excelente para tentar melhorar o relacionamento consigo mesmo. Muitas vezes procuramos no outro algo que nos falta, mas precisamos olhar com mais carinho para nós mesmos, antes de mais nada.

Lazer

Encontre formas de esvaziar a mente, mas que sejam postas em prática em contato com outras pessoas. Aulas em grupo são uma ótima oportunidade para criar novos laços.

Estudos

Aprenda mais sobre empatia, sobre comunicação não violenta, sobre o ser humano em si. Assim você terá mais conteúdo e aprenderá novas formas de lidar com as pessoas ao redor.

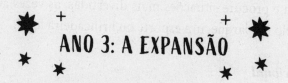

ANO 3: A EXPANSÃO

Se no ano 1 nós iniciamos e no ano 2 compartilhamos, chegou a hora de expandir. Esse é um ano extremamente propício para utilizar toda a sua criatividade e as ideias a seu favor.

No ano 3 nós naturalmente ficamos mais sociáveis, agitados, comunicativos.

É o ano da expansão. Tudo o que você fizer nesse ano tem a tendência de crescer!

Não esqueça: esse é o ano da fertilidade. Um ano perfeito para quem quer engravidar.

Tarefas do ano 3

Trabalhar a energia do ano
Ano perfeito para lançar projetos, para se tornar mais visível, aparecer, comunicar-se. Use suas ideias e sua criatividade.

Espiritualidade
Leve a meditação a sério: ela será seu ponto de apoio para silenciar as ideias num ano tão agitado mentalmente.

Família

Ótimo ano para festas e eventos em família, por isso se reúna e procure situações mais divertidas, às vezes até um passeio no parque, um esporte ou brincadeira legal.

Emocional

Ótimo ano para crescer emocionalmente. Um ano em que as emoções ficam mais afloradas, porque temos a vontade de expressá-las com mais intensidade. Fale o que sentir, expresse o que desejar.

Lazer

Esse definitivamente é o ano do lazer. Festas, diversão, brincadeiras fazem parte desse momento. Dica: cuidado com excessos; divirta-se com responsabilidade.

Estudos

Busque aprendizados sobre relacionamentos e comunicação. Um curso de oratória é uma boa pedida para esse ano.

ANO 4: A ESTABILIDADE

Iniciou, uniu e cresceu? Hora de colocar ordem em tudo.

O ano 4 é o ano do trabalho, da estabilidade, estrutura e segurança.

Ótimo para se desenvolver profissionalmente, pois você terá mais energia de produção.

Considero esse ano perfeito para organizar seu trabalho, sua casa e sua vida como um todo. Organize, organize e organize.

Planilhas e cronogramas podem ajudá-lo a ter um ano mais produtivo.

Tarefas do ano 4

Trabalhar a energia do ano

Para esse ano, concentre-se mais ainda em seu lado profissional. Busque definir suas metas: cargo, salário, mudança de carreira. Esforce-se para enxergar mais ainda o que você almeja.

Espiritualidade

Encontre uma espiritualidade que traga mais equilíbrio para sua vida, principalmente as práticas voltadas para a organização. O feng shui é um bom aprendizado para esse ano.

Família

Esse ano é bem propício para organizar e definir tarefas dentro da sua casa se você mora com mais pessoas. Organizar dinheiro conjunto, cuidar da limpeza, estabelecer regras que até então estavam mal resolvidas são boas pedidas!

Emocional

Organizar suas emoções e dar mais atenção a elas é também uma boa pedida. Pare, reflita e observe como lida com cada uma delas. Trabalhe bastante o momento presente. Caso esteja em um relacionamento, hora de cuidar da estabilidade emocional entre o casal.

Lazer

Interessante pensar em lazer num ano em que a energia de trabalho estará em evidência, mas é justamente nesse ano que essa área da vida não deve ser esquecida, pois ela evitará os cansaços mentais pelo excesso de trabalho. Procure fazer algo que ajude sua mente a relaxar.

Estudos

Um ano perfeito para estudar temas relacionados a planejamento, foco, alta performance e disciplina.

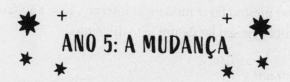

ANO 5: A MUDANÇA

Iniciou, uniu, cresceu, estabilizou? Agora é a hora de se abrir para o novo!

O ano 5 é o ano das mudanças, transformações e viagens. Parecido com o ano 3, tende a ser um ano agitado, dinâmico e bem acelerado.

Abra-se para o novo, permita-se. Encontre coisas novas para fazer.

Tarefas do ano 5

Trabalhar a energia do ano
Esse é o ano para trabalhar a coragem, já que será um ano que convida a explorar o desconhecido, o novo. Lembra daquilo que antes lhe dava medo? Chegou a hora de tentar dar mais alguns passos para vencê-lo.

Espiritualidade
Assim como o 3, o ano 5 é altamente recomendado para a prática da meditação. Isso porque, por ser um ano agitado, tendemos a perder um pouco o foco no momento presente.

Família

Ano ótimo para planejar uma viagem em família, mudar de casa ou mesmo fazer mudanças internas. Esse ano favorece que você veja seu lar de um jeito diferente.

Emocional

O ano das mudanças tende a deixar o emocional bem agitado. Nesse ano é interessante parar e refletir sobre suas emoções, que estarão bem acaloradas.

Lazer

Ótimo ano para buscar formas mais dinâmicas de relaxar. Esportes radicais, pular de paraquedas e praticar bungee jump são sugestões para os mais corajosos. Nada que seja muito parado.

Estudos

Os estudos nesse ano precisam ser mais dinâmicos, nada muito monótono. Procure cursos sobre procrastinação para ajudá-lo a não perder o foco num ano tão agitado.

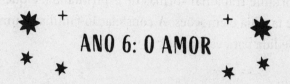

ANO 6: O AMOR

Depois de tantas mudanças e vivências nesses últimos cinco anos, chegou o ano do amor, da família, da afetividade, da paz, da calma e da harmonia.

Para os solteiros e disponíveis, um ano perfeito para iniciar relacionamentos. Esteja aberto e peça ajuda ao Universo para que ele lhe traga a pessoa perfeita!

Para os comprometidos, ano ótimo para estreitar a relação. Para quem namora ou está noivo, ótimo ano para casamento.

No ano 6 as emoções estão mais afloradas, mas, diferente do 5, esse afloramento se dá mais pelo fato de ficarmos mais emotivos.

Tarefas do ano 6

Trabalhar a energia do ano

Faça o que puder para nutrir todo o campo emocional de sua vida, seja ele família, amor ou amigos. Ano ótimo para de fato demonstrar suas emoções, cuidar bem de cada uma delas.

Espiritualidade

Importante trabalhar formas de espiritualidade que falem sobre família e emoções. A constelação familiar é uma ótima pedida para esse ano.

Família

Literalmente o ano da família. Naturalmente vamos cuidar mais do lar, nos tornar mais caseiros e mais suscetíveis a desejar ficar com quem amamos. Aproveite essa energia.

Emocional

Ano totalmente propício para cuidar das suas emoções e nutri-las por meio de terapias. Cuide-se para não desenvolver dependência emocional nesse ano.

Lazer

Passeios em família, teatros e clubes são sugestões de lazer para esse ano.

Estudos

Sugiro buscar aprender muito sobre inteligência emocional, para que aprenda a lidar com cada uma das emoções.

ANO 7: A INTROSPECÇÃO

Chegou a hora de olhar somente para si, ou melhor, para dentro de si. Vivemos hoje num mundo em que muitas vezes buscamos respostas externas, quando na verdade elas estão e sempre estiveram dentro de nós.

Você vai se sentir mais questionador, reflexivo e introspectivo esse ano. Fique tranquilo, isso é normal. Muitas vezes não entendemos o motivo de estarmos assim, e às vezes a única coisa que o Universo quer de nós é que olhemos mais para dentro do que para fora.

Por ser um ano mais quieto, é ótimo para estudar e se concentrar em projetos.

Tarefas do ano 7

Trabalhar a energia do ano
Este ano, respeite sua introspecção e seu momento. Aproveite para fazer uma viagem rumo ao seu interior. Questione-se, busque entender o que deseja e o que precisa mudar.

Espiritualidade
De fato será um ano em que a espiritualidade dominará, afinal o 7 é um número espiritual na numerologia. Busque

se conectar de todas as formas que lhe fizerem bem, abuse do autoconhecimento, mas sem se esquecer de colocá-lo em prática.

Família

Esse é um ano em que você se perceberá mais quieto, e está tudo bem. Não se cobre para estar mais sociável, mas é interessante praticar o diálogo com as pessoas que mais ama.

Emocional

Sendo o ano da lupa interna, analise atenta e isoladamente suas emoções. Busque entendê-las. Fazer terapia é uma das melhores formas de realizar esse exercício.

Lazer

Seu lazer esse ano estará voltado a coisas mais tranquilas, como ler um bom livro de ficção, visitar um museu ou algum lugar em que você possa aprender algo novo.

Estudos

Procure entender melhor o comportamento humano.

Por ser um ano de muitos questionamentos, estudar e procurar seu propósito de vida o ajudará a encontrar um norte e obter mais respostas.

ANO 8: A COLHEITA E AS CONQUISTAS

Ano muito importante, com dois significados: colheita e conquistas.

Você já viveu sete anos intensos, com muitos inícios, uniões, crescimento, trabalho, mudanças, afetividade e autoconhecimento. Agora chegou o momento de colher tudo o que plantou.

Saber disso conforta ou assusta? Faça essa reflexão e comece uma retrospectiva de tudo o que viveu até então. Caso perceba que está tendo um ano de perdas e desequilíbrios, possivelmente alguns aspectos não foram acompanhados da forma correta. Busque analisar e reparar o que ficou para trás, a fim de que o ano volte a se harmonizar.

Caso já esteja em equilíbrio, você terá muitas conquistas no seu ano 8, como forma de reconhecimento por todo o trabalho realizado nos últimos sete anos.

Ótimo ano para promoções, aumento salarial, resolver problemas burocráticos e questões ligadas a leis.

Tarefas do ano 8

Trabalhar a energia do ano

Seja muito justo, transparente e honesto. Pratique a independência. Empreenda, busque dar o melhor em seu trabalho. A recompensa virá.

Espiritualidade

Procure se conectar com ferramentas que o façam entender seu valor. Terapeutas de alta performance serão um ótimo auxílio nesse ano.

Família

Esse é um bom ano para pensar na família. Algum investimento no lar, em algo que possa beneficiá-la como um todo. Aja sempre com transparência e verdade.

Emocional

Como o 8 é um ano racional, pode ser que você se sinta menos emotivo, e isso não é um problema. Só não abafe suas emoções — seja sempre verdadeiro com elas.

Lazer

Invista numa experiência nova. Viajar para um país que sempre teve vontade de conhecer é uma boa pedida. Aproveite.

Estudos

Busque aprender sobre organização financeira e investimentos. Sonhe alto. Se você pensa em crescer, é necessário ter essa consciência.

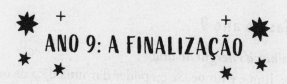

ANO 9: A FINALIZAÇÃO

Por último, mas não menos importante, o famoso ano 9.

Digo que ele é famoso porque muitas pessoas têm medo dele, mas, antes que você também fique só pelo que acabei de dizer, vou explicar o motivo.

Ao longo de todo o livro tenho falado sobre nos abrir para novos caminhos e buscar fazer o que realmente amamos.

O ano 9 vem para nos ajudar a finalizar ciclos que não farão mais parte da nossa jornada. Ciclos tóxicos, que drenam nossa energia, que nos colocam para baixo, que nos afastam de nosso propósito. Esse é o motivo pelo qual as pessoas às vezes têm medo do ano 9. Medo do desapego, uma sensação que chega a fazer mal.

Para que o novo venha no próximo ano 1, é preciso limpar o que não fará mais parte da sua vida. Se está em um emprego ruim, limpe. Relacionamento ruim? Limpe. Roupas que não usa mais? Doe. Faça uma faxina na sua vida e deixe apenas o que ainda faz sentido para você.

Por ser o ano da faxina, não é recomendável iniciar algo novo no ano 9. Concentre-se em limpar o que não é mais bem-vindo.

Uma informação importante: perceba que aqui o número 9 tem um significado bem distinto de quando ele aparece nas camadas principais. Ele é o único número com duas representações distintas.

Tarefas do ano 9

Trabalhar a energia do ano

Limpe, limpe e limpe. Se eu puder dar uma dica de ouro, é essa. Não se prenda a nada dispensável. Pense que vai começar uma faxina para literalmente estar preparado para o novo ciclo de nove anos.

Espiritualidade

Busque muito se conectar com o Universo, com Deus. Peça luz e auxílio para conseguir finalizar ciclos antes difíceis de desapegar. Conecte-se por meio da meditação. Ela será seu guia nesse ano.

Família

Em relação às questões familiares, resolva qualquer tipo de pendência.

Emocional

Trabalhe limpezas emocionais e traumas mal resolvidos. Considero essencial a terapia nesse ano. Ela o ajudará a seguir seu caminho com mais força, foco e determinação para realizar as limpezas necessárias.

Lazer

Você provavelmente buscará um lazer mais tranquilo, afinal estamos com a energia mais voltada a relaxar, descansar, depois de carregar nas costas um ciclo de nove anos. Permita-se descansar.

Estudos

Procure se informar sobre o fechamento de ciclos, sobre desapego emocional ou material. Esse aprofundamento vai ser essencial nesse ano.

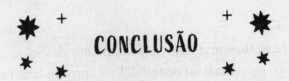

CONCLUSÃO

Com muito carinho, entrego a você o GPS da VIDA.

É incrível como tudo começa dentro de nós. Às vezes o que precisamos é apenas fechar os olhos para o mundo externo e abri-los para o interno.

Desejo que a partir de agora você entenda a diferença entre sobreviver e viver, pois você merece viver. O seu propósito de vida não lhe foi concedido por acaso. Você é o único ser que detém todas os potenciais para realizá-lo. Que a partir de hoje você não desperdice nem mais um dia, muito menos seus talentos, seus dons e sua essência.

Caso esse seja seu primeiro passo rumo ao desenvolvimento pessoal, seja muito bem-vindo. Que ele se torne constante, dia pós dia, até o último dia de sua vida.

Se você já é um buscador de desenvolvimento pessoal, parabéns por ter se permitido mais uma vez. Você mais do que ninguém deve saber que o desenvolvimento nunca acaba.

Não sou e estou longe de ser perfeito, um exemplo a ser seguido, e nem quero isso, por um único motivo: se eu não tivesse mais nada a aprender, o meu legado pararia por aqui.

Quero viver, quero sentir a brisa da vida, sentir o calor do sol. Se eu cair, que eu levante quantas vezes forem necessárias. Que meus desafios de vida sejam vencidos e que se transformem em conquistas para que eu consiga ajudar mais e mais pessoas — afinal, todos nós estamos no mesmo barco chamado planeta Terra.

Com amor,
Paulinho

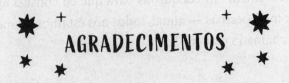

AGRADECIMENTOS

Eu poderia escrever um livro somente contendo agradecimentos, pois acredito que cada pessoa que passa por nossa vida deixa alguma marca, algum aprendizado, algum ensinamento, porém gostaria de destacar as pessoas que cruzaram meu caminho rumo ao meu propósito de vida.

Para começar, quero agradecer à minha família. Ao meu pai, Roniel, por ter me mostrado o valor do cuidado a quem se ama, por me mostrar o que é responsabilidade quando se quer chegar a um objetivo. Obrigado, pai, por ter me dado o melhor que eu pude ter. Eu amo você.

Quero agradecer à minha mãe, Ivete, que me mostrou o amor, mesmo diante da dor. Que lutou até o final bravamente. Você é a maior razão de eu fazer o que faço hoje, pois todo o seu sofrimento fez nascer todas as reflexões, os pensamentos e as inspirações que me permitiram exercer o meu trabalho e evitar que pessoas sofram tanto quanto você sofreu. Que você esteja no lugar mais lindo desse céu, olhando por mim, da mesma forma que eu sinto você, todos os dias.

À minha vó Rosa, por ter me ensinado sobre empatia, sobre pureza. Você é o grande amor da minha vida. Obrigado por ter cuidado de mim e por sempre ter me apoiado em todas as minhas decisões de vida. Eu amo você.

À minha tia/madrinha Rosana e à minha prima Luciana. Obrigado por nunca terem saído do meu lado. Obrigado pelos ensinamentos e pelas broncas, pois elas certamente me fizeram uma pessoa melhor. Obrigado por fazerem o melhor para que nossa família se mantivesse em pé. Eu as amo e as admiro demais.

Ao meu tio Paulo, minha mais profunda admiração. Eu me orgulho de levar seu nome e sobrenome, igual ao nosso avô. Tenha a certeza de que honrarei esse nome até o último dia de minha vida.

À minha irmã, Mariana, minha inspiração para que tudo isso existisse. Você é o meu maior exemplo de vida, aquela em quem eu me inspiro diariamente. Obrigado por absolutamente tudo. Eu nunca esquecerei cada detalhe que você fez por mim. Nunca esquecerei as nossas loucuras juntos — afinal, a gente se entende. Que a gente tenha a oportunidade de cantar e dançar músicas infantis até o último dia de nossa vida, do nosso jeitinho.

À Fabi e ao Enzo, meu irmãozinho. Minha mais profunda gratidão e amor por vocês. Que eu os leve para sempre em minha vida.

Ao meu melhor amigo, Guilherme, ou melhor, Menis, com quem divido minha vida todos os dias. Obrigado por sempre acreditar em mim, nas minhas loucuras, nos meus desejos. Obrigado por nunca ter me abandonado. Você é o meu maior incentivador. Eu amo você incondicionalmente e tenho a certeza de que esse amor será para sempre. Talvez as pessoas nunca entendam um amor tão genuíno entre duas pessoas, pensando que esse amor é de dois parceiros afetivos, mas nós estamos aqui para quebrar essa crença e mostrar que existe, sim, amor de irmão. Obrigado, Menis.

Aos meus três gatinhos, Judy, Banguela, Molenguinha, e ao meu cachorrinho Norman. Obrigado pelo amor incondicional que vocês proporcionam a mim, de um jeito tão simples, verdadeiro e puro, que só vocês conseguem me dar. Obrigado por sempre cuidarem da minha energia em cada atendimento. Eu os amo demais!

Aos meus amigos Ellen, Fernando, Thaty, Amanda e Anna por nunca desistirem de mim. Vocês não fazem ideia do quanto a torcida de vocês me fez uma pessoa melhor. Que isso nunca mude. Eu os amo incondicionalmente.

Ao Rodrigo Fonseca, meu grande amigo e mentor. Eu agradeço por sua vida, por sua missão, por seus talentos, pois foram eles que puderam me mostrar o meu verdadeiro e grande potencial, que me fizeram chegar aonde cheguei até hoje. Eu te amo.

À minha querida amiga e professora de numerologia, Daniela Gruttola, por me apresentar a minha missão e propósito de vida. Obrigado por todos os ensinamentos passados a mim, da forma mais linda e pura que pode existir. Você é a minha maior inspiração na numerologia e quero que a gente trilhe esse caminho juntos, por anos! Eu amo você, minha amiga! No que depender de mim, seremos canal para mudar a vida de muitas pessoas.

Às minhas amigas Rafa Kalimann, Bianca Andrade e Manu Gavassi, sou eternamente grato pela amizade de vocês e por acreditarem tanto no meu propósito de vida. Vocês são corresponsáveis por eu conseguir ser um canal para mudar a vida de milhares de pessoas. Que vocês nunca percam a essência.

E o agradecimento mais especial vai para você, Paulinho. Meu eu, que me acompanha pelas 24 horas do dia, desde o meu primeiro respiro.

Você, que mesmo diante dos piores momentos, nunca desistiu de si mesmo.

Que mesmo diante dos choros mais profundos, encontrou forças para subir até a superfície.

Que mesmo diante de tantos julgamentos sobre seu trabalho, tapou os ouvidos e seguiu firme com sua fé.

Você é intenso, amoroso, dedicado, explosivo, palhaço, otimista, às vezes desfocado, mas muito batalhador, dramático, mas também racional, sonhador, persistente. Eu não mudaria uma única vírgula de quem você é, pois é justamente por ser quem é, com erros e acertos, que chegamos juntos até aqui.

Eu te amo, meu menino.

Este livro foi composto na tipografia Minion Pro,
em corpo 11,5/16, e impresso em
papel off-white no Sistema Cameron da
Divisão Gráfica da Distribuidora Record.